中小企业股权设计一本通

从入门到精通

臧其超◎著

廣東旅游出版社
GUANGDONG TRAVEL & TOURISM PRESS
悦读书·悦旅行·悦享人生
中国·广州

图书在版编目（CIP）数据

中小企业股权设计一本通 / 臧其超著．— 广州 ：
广东旅游出版社，2019.7（2024.7重印）
ISBN 978-7-5570-1762-0

Ⅰ．①中… Ⅱ．①臧… Ⅲ．①中小企业—股权激励
Ⅳ．①F276.3

中国版本图书馆 CIP 数据核字（2019）第 060004 号

出 版 人：刘志松
责任编辑：江丽芝　李丽
责任校对：李瑞苑
责任技编：冼志良

中小企业股权设计一本通
Zhongxiaoqiye Guquan Sheji Yibentong

广东旅游出版社出版发行
（广州市荔湾区沙面北街71号　　邮编：510130）
印刷：北京晨旭印刷厂印刷
（地址：北京市密云区西田各庄镇田各庄村）
联系电话：020-87347732　邮编：510180
787 毫米 ×1092 毫米　16 开　14.5 印张　158 千字
2019 年 7 月第 1 版　　2024 年 7 月第 8 次印刷
定价：58.00 元

第一章 转型时代，股权激励势在必行

第二章 形势逼人，中小企业不得不进行股权激励

第三章 认识股权，才能用好股权

第四章 股权激励原则

第五章 用于激励的股权的常用模式

第六章 股权激励“十一定”艺术

CHAPTER

第一章

转型时代,股权激励势在必行

如何才能够让企业真正地做专、做精、做细？真正让企业家有工匠精神？这值得中国企业家们思考。特别是企业家如果想让所有高管跟你一起做专、做精、做细，就更需要一种精神。当然，做到拥有这种精神有一个前提，那就是企业家和员工都把企业当成是自己的事业，才会愿意为此沉下心来，认真奉行工匠精神，而股权激励的方式，是赢得员工心的最重要基础。

经营方向转型，要求进行股权激励

从经营方向来看，现在的社会和以前真的不一样了。之前有种说法叫“站在风口上，猪都会飞”。于是很多企业家整天都在寻找风口，其实现在的风口已经相对少多了。很多企业家整天喊着要转型，到处找商机、找好项目，甚至有些企业家决定转行，但往往是站在外面看的时候觉得很多行业都不错，实际上真正进入那个行业之后，却发现没有哪个行业是好做的，所以我奉劝企业家们一句：“转型不等于转行”。

更科学的企业转型的方向是要把企业做专、做精、做细。

在我看来，中国的企业家如果要分层次的话，能真正称得上企业家的人并不多，绝大多数企业家其实只是生意人。生意人的特点就是遇见好干的活儿就干，遇见不好干的活儿撒腿就跑。发现哪个行业赚钱了，就去做哪个行业，万一哪天这个行业不赚钱了，立刻就换一个行业来做。没有做专、做精、做细的意识。这种生意人算不得真正的企业家，但这种生意人在中国却数量庞大。

如何才能够让企业真正地做专、做精、做细？真正让企业家有工匠精神？这值得中国企业家们思考。特别是企业家如果想让所有高管跟你一起做专、做精、做细，就更需要一种精神。当然，做到拥有这种精神有一个前提，那就是企业家和员工都把企业当成是自己的家，才会愿意为此沉下心来，认真奉行工匠精神，而股权激励的方式，是赢得员工心的最重要基础。

股权激励的方式，是赢得员工心的最重要基础。

竞争力创新转型，要求进行股权激励

企业转型的所有竞争力都来自创新。一群“老人”玩不过一群“小孩”的年代已经到来了。但是很遗憾，现在的企业家、职业经理人、员工，有几个是真正愿意沉下心来做创新的？不要说员工、高管，就是企业家又有几个真的愿意花心思去创新呢？而且有多少中小企业真的适合创新呢？要让一个人去创新，除非让他发自内心喜欢这项事业，或者是他自己的事业他才会尽心尽力，而如果想让员工像老板一样工作，就又回到了需要用股权激励解决的问题。

思维方式转型，要求进行股权激励

原来做企业是哪种产品好卖就生产哪种产品。现在做企业，很多时候必须倒过来思考。原来拍电影是一边写脚本，一边找演员，一边揽广告，一边拍摄。现在拍电影很多时候是反过来的，必须先把脚本写好，然后把所有广告拉好，所有演员和导演准备充分才去拍，资本为先。

应该这样讲，原来做企业的，很多时候是哪个产品好卖就做哪个产品，现在做企业很多时候是资本方看中什么样的企业，就把企业往那个方向引导。

很多企业家想融资，想找“风投”，但是又很难融到钱，很难找到“风投”，就是因为公司的股权、商业模式在一开始就没有设计好，导致很多“风投”或投资人没有看中。

倒过来思考问题，在经营方针方面，要有“结果思维”，要按照“风投”等资本方所关注的股权架构来设计，按照资本方关注的商业模式来调整商业模式，这样就更容易融到资。

一句话，人家要什么样的东西，我们就生产什么样的产品；而不是我们先生产了产品，再想办法去卖。

现在,企业的整个营销方式也开始改变。改革开放的前30年,总体来讲是缺产品不缺客户;但未来30年,相对而言会是不缺产品缺客户。

要做好生意也很简单,就是要有好的产品与好的客户。哪边薄弱就先加强哪边,所以改革开放的前30年,只要找到好产品就能发财,做个好项目就会发财。过去有句俗话叫"胆大心细不要脸,人人都能当老板",未来这样的老板还能行吗?

未来想把生意做好,重点不在于能找到好产品。产品是永恒的,产品是最重要的,但是也不要忘记,产品会一个比一个好,你说你的产品好,我眨眼工夫就可以找一个更好的产品。所以思维方式也要反过来,原来是找到产品、找到客户、收到钱,现在做生意是要找到客户,锁定他的消费行为或者他的钱,然后再找到适合的产品满足他的要求。如何锁定客户?需要我们利用股权激励的方式先锁住下游,再锁住大客户,然后生产适合的产品。在思维上,这种方式和过去相比是倒过来的。

团队管理方式转型,要求进行股权激励

原来的企业就是生产产品、卖产品。要么做贸易,要么做生产,要么做服务。但是现在不一样了,企业必须从生产一种产品,或者做一

项服务，演变成一个对大家都有利的大平台。

企业转型，团队的管理方式也要跟着转型。原来企业的团队就是一个老板带一帮员工，是老板＋雇用员工的模式。现在和未来企业的团队必须演变成平台＋个人合伙制。未来的团队管理可能会变为多种方式，如利润中心制、部门事业制、部门分子公司制、平台＋个人合伙制等。管理方式变了，激励方式也要有相应的改变。

比如海尔公司的“自主经营体”模式，就是一种创新机制，让员工主动去创造客户价值，自主核算投入产出。企业过去的组织结构的层级管理模式容易带来市场目标的缺失感，甚至出现扯皮现象。从信息化时代的外部条件来看，企业如果不直接面对市场，就会被用户抛弃。

这些转型，通通需要利用改变股权结构的方式来进行。原来很多企业是老板一个人掌控很多公司，未来的转型方向是变成分子公司制，也就是“阿米巴模式”会非常盛行。

业态转型，要求进行股权激励

未来的企业，越是做得好的，越会演变成为轻资产、智能化、资本化企业。上游是通过投入信息科技和发明创造的知识经济轻资产，中游是通过关键技术、模块制造、组装的工业经济，下游是通过销售和售后服务的服务经济，把客户圈养起来。这个图是我自己总结的，我把它称为“三藏微笑曲线”（见图1-1），微笑曲线左边是知识经济，右边是服务经济。

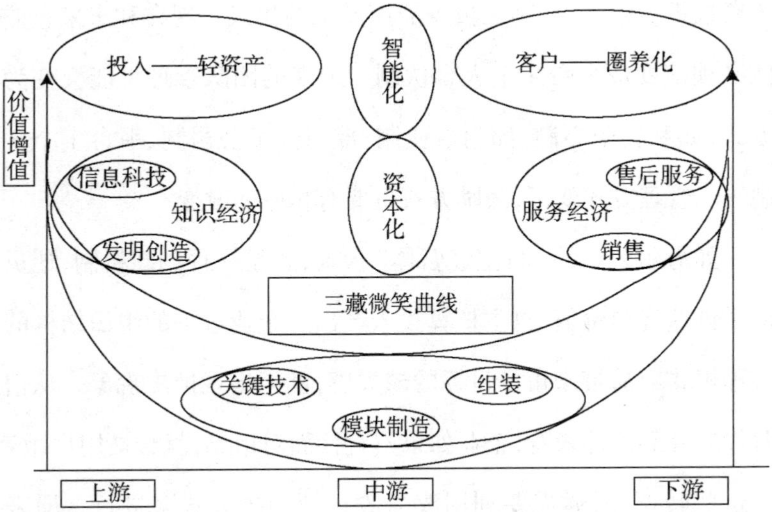

图1-1 “三藏微笑曲线”

所有行业做到最后，方向都是轻资产、智能化、资本化。所以我认为，未来中国的各个行业中做得好的企业，业态模式一定是智能化+资本化的。业态模式的转变，要求企业的经营方式也随之转变，在具体的转型过程中采用股权激励的方式能够更好地帮助企业适应这些转型。

原来的销售形式基本上可以总结为陪吃、陪喝、陪玩的“三陪”，未来的销售形式会演变为价值型销售、服务型销售、圈子型销售、利益型销售、分享型销售，其实这些也是“共享经济”的概念。这就是新业态、新模式。

企业人才结构转型，要求使用股权激励

中国企业的人才结构是哑铃型的，人们要么当老板，要么打工做员工（见图1-2）。

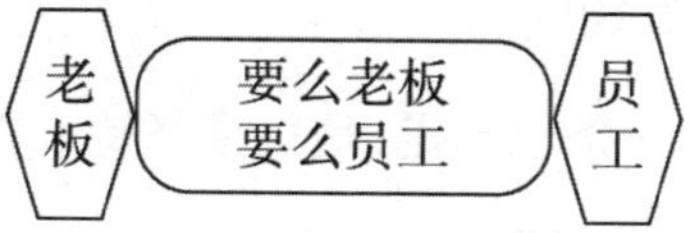

图1-2 中国企业的人才结构

而美国企业的人才结构基本是与此相反的。在美国单独创业的人很少，单独去打工的人也很少。他们一般是几个人一起创业，绝大多数人既是一家公司的股东，也是这家公司的员工，美国的人才结构是橄榄球型的（见图1-3）。

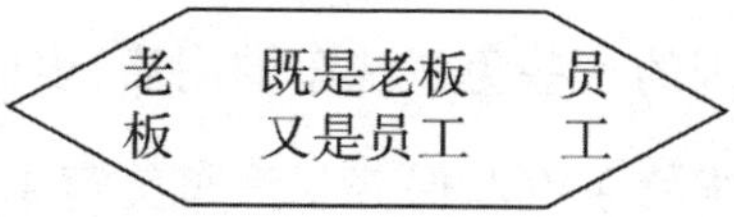

图1-3 美国企业的人才结构

现在，中国企业的人才结构也正在逐步向美国企业的人才结构方向演变，因此也需要我们与时俱进调整股权架构，调整的过程中需用股权激励的方式。

企业经营方式转型,涉及到股权

未来企业转型的这六条出路是:要么成为产业链的一环,要么成为平台的一面,要么单点突破,要么产能结合,要么直接做投资,要么是“互联网 +”或“+ 互联网”。

这六条路如果你一条也不走,是很难坚持下去的。

为什么这几条出路要跟股权挂钩呢?就拿要成为产业链的一环来举个例子。比如你是从事养殖行业的,主要养猪,未来可能要和很多相关行业整合起来。上游有猪饲料生产,猪崽、猪种的研发;下游是肉联厂,包括很多终端销售生鲜猪肉的超市、连锁店等,如果这些行业都整合起来,那就是共赢合作了,不同行业的企业之间可以用股权来交叉持股,既增强了黏性,又互利互惠。

再比如现在出现的一些免费洗车的门店,表面上看是免费洗车,其实它背后是汽车维修 + 汽车保养 + 汽车美容 + 汽车零配件 + 汽车高端会员卡服务。实际上是搭建了一个平台,洗车确实是免费的,主要靠后端的其他服务来挣钱。

有个学员说:“老师,我懂了,我接下来就既搞洗车,又搞汽车维修,还搞4S 店汽车零配件销售好了。”我说:“那你会死都不知道怎么死的,一行都没干好,就想干几行,这是找死。”我的观点是,在这个时代,你要采用和别人整合的方式来赚钱,不一定什么都要自己来做。进行整合的时候,需要用到股权,可以用股权在几个行业或几家公司中交叉持股。

转型的策略及步骤，涉及股权激励

企业要转型是必然的，但在转型的策略和步骤中，需要老板们先懂得股权。

对于绝大多数中小民营企业而言，要品牌没品牌，要资金没资金，要技术没技术。拿什么转型？整天喊着转型，转型的资本在哪里？转型最靠谱的方法就是把眼皮底下的几个人先整合起来。

小转“倍增业绩”，调机制、换股权。先用机制、股权把个人积极性调动起来。中转“利用杠杆”，调商业模式，换营销策略。大转“调方向”，万不得已才换行业、换方向。不要轻易换方向，不要轻易“随大流”搞“互联网 +”和“+ 互联网”，要先立足于自己企业本身的特色，看自己的企业是否适合。我不建议中小企业跟风大企业，各有各的特色，各有各的需求，希望大家在这些方面一定不要走差道。

CHAPTER

第二章

形势逼人，中小企业不得不进行股权激励

在资本时代，企业家始终都绕不开要用股权的话题。对内来说，留人、招人、激励、共赢、整合，都需要股权。对外来说，融资、投资、众筹、上市、并购，同样也都离不开股权。

人才难得，需要股权激励

过去的几代人，因为找份工作不容易，所以对企业非常忠诚、感恩、负责任；现在“90后”成了职场主力军，他们是生活派，不像以前的人们一样把生存问题当成天大的事，他们最关注的是自己的心情，工作对于他们来说，不是什么了不得的牵绊，如果工作满足不了他们的需要，他们随时都可能会走，根本不怕丢掉工作。他们更关心的是好玩吗？开心吗？刺激吗？

另一方面，就像电影《天下无贼》里的经典台词一样，“21世纪什么最贵？人才。”现在已经到了人才时代。你有再好的商业模式，最后也是要让人去执行的，好的商业模式，让一个不合适的人去执行，一样是没法取得效果的，企业的竞争，其实最终还是人才的竞争。那么，如何留住真正的人才，考验着老板们。

不要抱怨员工不忠诚。因为就像产品多了会打价格战一样，公司多了，各个公司为了吸引人才也会采取一些措施，比如涨工资、给股权。现在是员工的筹码越来越多了，老板的筹码越来越少了。原来是工作难找，老板可以掌控员工，老板说了算，现在情况已经发生了变化，企业招人难，员工和老板双向选择。如果激励方法不到位，员工自然会选择离去，这是老板无法掌控的。

老板在说员工不感恩、不忠诚、不负责的同时，其实员工的真实心声是这样的：不是我不忠诚，关键是你值不值得我忠诚；不是我不负责，关键是你值不值得我负责；不要说我的要求多，关键是你那笼子太小。想要留住人才，需要老板采取合适的激励方法。

现在，企业的人员流动性很大，这造成了很多企业招人难、选人难、留人难、用人更难。企业要想找到适合自己的优秀人才，股权激励是一种良好的方式。

竞争加剧，企业生存艰难

现在一些小微企业是污染的主要来源之一，也是国家管理的死角。未来中国企业必须从粗放型向集约型转变。小企业需要尽快发展转型。股权激励能激发企业活力，让更多小企业活下来，拯救小企业的命运。

从目前的整体经济环境来看，外销短时间内很难有所提高，内销也面临着巨大挑战，短时间内也很难提高销量。各个行业都在进行整合，通过股权激励可以做到内外整合。

摆在中小民营企业面前的三条路是：

第一条路，股权激励内部创业，让企业迅速发展起来；

第二条路，股权激励外部整合，迅速整合各种资源；

第三条路，被别人整合或自己死掉。

同时，同行业的竞争日益激烈，有些风气和游戏规则也在发生改变。其实，现在企业进行股权激励已经不是什么新奇的事情了，员工都已经习以为常，似乎已经变成了一种风气。你的企业不进行股权激励，自然还有别人的企业会做，在信息高度发达的情况下，信息的传播速度非常快，员工获得相关信息也很容易，如果同行的企业都在做股权激励，而你的企业不做，会很容易陷入被动。

解脱老板，需要股权激励

现在的老板都很累，天天看着墙上的口号，“3年成为行业品牌，5年要上市，8年要冲出亚洲走向世界”等等，虽然这些目标是让老板开心的事情，但是员工并不关心这些。老板是孤独的动物，员工一辈子也理解不了老板的心理。因此，老板会觉得特别累，特别辛苦，没有人能够分担他对于企业的责任。怎样才能让老板不累，不再孤军奋战？唯一合适的办法，就是进行股权激励，让员工也有企业的股份，让员工能把企业当成自己的，从而分担老板的责任。

从投资角度上看，必须用股权激励

如果你去美国旅游，建议到哈佛大学逛一下，也许你会遇到一个值得投资的人，投资他可能会创造奇迹。

作为“硅谷新贵”的代表人物之一，甲骨文CEO埃里森在耶鲁大学2000届毕业典礼上的演讲嚣张而又经典：“我埃里森，是这个世界上第二富有的人，是个退学生，而你不是。比尔·盖茨是世界上最富有的人——就目前来说，是个退学生，而你不是。艾伦，是世界上第三富有的人，也退了学，而你没有。再来一点验证吧，戴尔，世界上第九富有的人——他的排名还在不断上升，也是个退学生。因为你没有辍学，所以……”为什么这些人会取得成功，因为他们做的是对的事，而不一定是把所有事情都做对。退学固然算不上正确的选择，这些人不过是找到了对他们来说正确的事。

当然，对于投资人来说，他们或许并不在乎你是否毕业了，是否拥有高学历，他们只关心你是否能给他们带来收益，你是否值得投资。

人才决定成败，这是做生意的根本。投资人可以用手中的筹码决定员工的忠诚。当然，老板的格局不一样，对待员工的方式也会不同。一般大老板找员工是在找合伙人，小老板只是在找员工；大老板是把员工当成合伙人，小老板是把员工当员工（见图2-1）。

在资本时代，不管是企业内部经营还是外部资本，都需要好好设计股权。我的投资观点是：钱少时要坚持“不熟的投资不做”；有钱的时候要“因人成事”，找对人就做投资，找不对人不做投资；老板虽是投资项目，更是投资人。因此，从投资角度来看，投资人需要有股权激励的意识，将投资的对象当成合作伙伴，而不仅仅当成雇佣关系的员工。

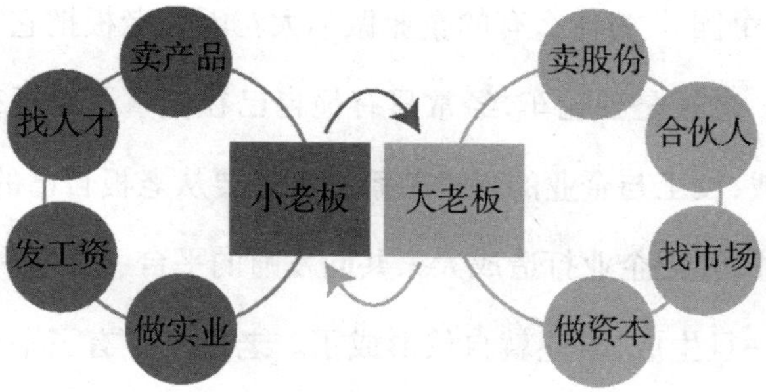

图2–1 “大老板”和“小老板”的区别

从经营境界上看，也需要股权激励

如何才能让企业利用股权创造更多的财富、更大绩效？当我们思考企业是属于谁的的时候，绝大多数老板都会坚定地说企业是我自己的。但是，企业越是老板自己的越是做不大。因为一般来讲，企业要想做大，就需要很多人才，而称得上人才的人，往往是行业内的高手，这些人一般要么追求利，要么追求名。如果利、名一个你都不愿意给，他会愿意跟着你吗？

我发现，很多大老板什么都有，唯独股份少。我也见过无数小老板，什么都没有，唯独股份多。有些老板年龄不大头上掉发，长得很“着急”，就是因为压力太大。究其根本原因，很大程度上是他们独占的意识太强了。

企业做小的都是老板自己的,做大的都是大家的。

我送大家一句话:“企业要是做小了,它就是个家;企业要是做大了,它就是个国。”为什么有的企业做不大?因为老板把它守得太紧、看得太死。老板是独轮车,经常只有他自己在做事。老板很孤独,每天挑灯夜战,员工与企业的兴亡关系不大。要从老板自己的企业做成大家的企业,要把企业打造成大家共同发财的平台、共同创富的舞台。利他之心一旦生成,事业就自然形成了。老板一旦有了平台思维,财富就自然会聚集在身边。

小老板在卖产品,大老板在卖股份;小老板在招人才,大老板在招合伙人;小老板在发工资,大老板在卖股份;小老板在做实业,大老板在玩资本。小老板是给自己打工,大老板是为更多人打工。当老板真正理解这些的时候,会慢慢发现做企业就是在经营人,经营人其实是在经营人的动力,经营人的动力就是经营人的需求,经营人的需求也是了解人性,要了解人性,就要研究人的内心运作规律。

老板可以用制度、机制、股权来呈现所有员工的内心需求。满足员工们的小私,才可以成就整个公司的大公。老板只需要做好“分赃”,玩好机制。

在资本时代,企业家始终都绕不开要用股权的话题。对内来说,留人、招人、激励、共赢、整合,都需要股权。对外来说,融资、投资、众筹、上市、并购,同样也都离不开股权。

CHAPTER

第三章

认识股权，才能用好股权

很多人讲股权激励单单讲股权激励，我讲股权激励一定会和商业模式挂钩，把商业模式和股权嫁接起来。因为光讲股权不讲商业模式会没有方向；光讲商业模式，不讲股权不够落地。

被企业家忽视的股权三大价值两大特性

股权是什么

股权是股票持有者所具有的与其拥有的股票比例相应的权益及承担一定责任的权利。其实股权就是股东的一种权利，股权是今天社会商人的特权。股权是综合权益的一种标志（见图3-1），股权的具体权益包括表决权、选举权、经营权、质询权、调查权、转让权等十四种（见图3-2）。

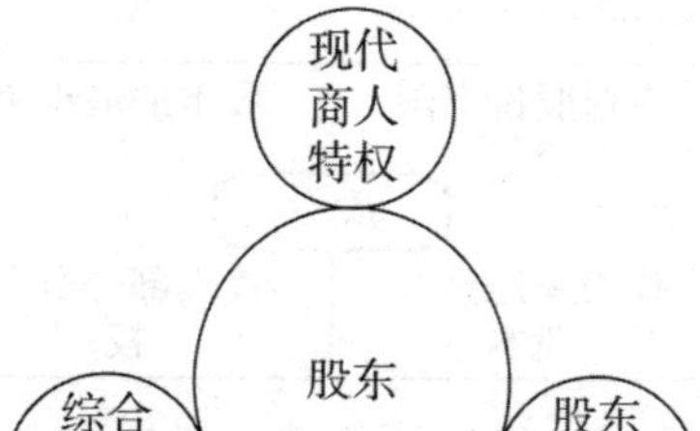

图3-1　股权是什么

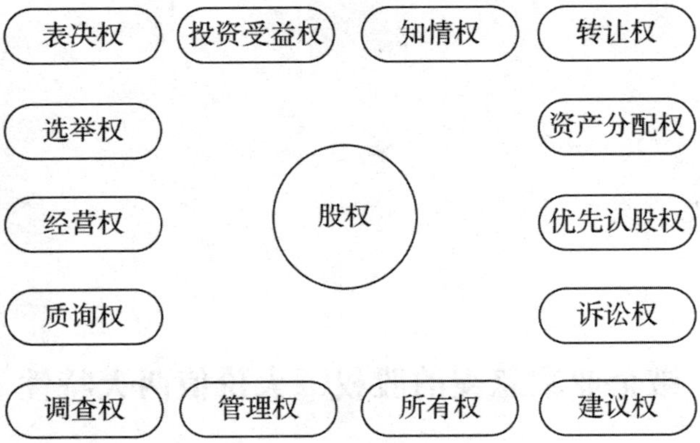

图3–2　股权的具体权益

什么是股份

股份代表对公司的部分拥有权，代表股份有限公司股东的权利与义务，是股份有限公司资本的构成成分，通过股票价格的形式表现其价值。股份对内而言是一种投资，对外而言其实是一种收益。现在绝大多数企业都是有限责任公司，但不都是股份制公司。上市公司可以公开发行股票，获得更多的资金，增加资产流动性。

股份一般包含了四种意义（见图3–3）。

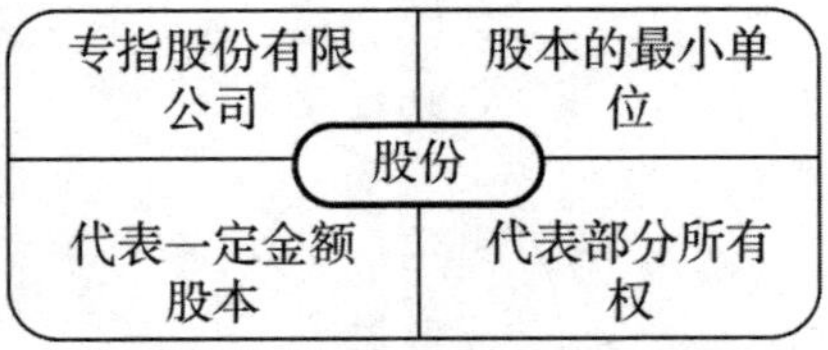

图3–3　股份的概念

我们有时候谈到股份时说3%、5%、10%、51%、67%，有时候又说50万股、100万股、2000万股、1亿股。这两种说法有什么区别呢？实际上，这只是股权的两种不同解读方式。

比如公司估值是1亿元，或者资产价值1亿元。如果把它分成1亿股，等于每股是1元钱。如果第二年公司的资产达到2亿元，仍然是每股1元，那总股本就变成了2亿元。但如果总股数不变，还是1亿股，第二年股本从1亿元变成2亿元，那么每股就是2元钱了。

如果公司一共有1亿股，我给你1000万股，这就占整个股份的10%。如果第二年公司资产2亿元，相对数和绝对数就不一样了，绝对数还是1000万股，如果再引进一个新的股东，相对来说，原来的股份要同比稀释10%，当时的股份占比10%已经不是原来的10%了。

这时又有人给公司投资了1亿元，公司的总价值变成3亿元，1000万股还是1000万股，只是所有人的股份要同比稀释1/3。

有次我到柳州见到一个老板，他跟我讲："臧老师，我是把股份这样分的，门口的那两个人，一个给13%，另一个给14%；坐在窗户边那个人我给17%，我的两个副手，一个15%，另一个20%。"我听他说完，大概一算已经79%了。我说你这好像有点不对劲。他说："老师，我原来起家的时候，是10万元的注册资本，后期我把注册资本改到了100万元、500万元，最后到了1000万元，注册资本不断增加，所有人的持股比例是不断稀释的。"

我问他知不知道总股本在不断变化，还要去改合同？如果他没有改合同，特别是合同写得不清楚的时候，后期是非常麻烦的。因为合同上如果没有说明当初他是占多少比例，到最后更说不清楚。

如果注册资本是100万元，老板占多少没有说明白，就直接说让员工占10%，5年之后注册资本增加，他说自己还是占10%，怎么办？这时注册资本增加了，比例应该同比稀释的，但一些比较较真的、心胸不是太宽广的人会认死理，会说我不管注册资本是多少，反正你当年承诺我是占10%的股份。

尤其是公司快要上市的时候，一旦出现这些问题，会影响整个进程。股份发生变动，对上市会有很大影响。

一般来讲，小公司多用相对数比较方便一些。等公司达到了准三板规模，就要开始学会慢慢使用绝对数。特别是上市之后，就一定是使用绝对数了。

股权的三大价值、两大特性

股权的三大价值分别是：

第一，股权有分红的价值。

分红的价值很好理解，投资者购买了某公司股票对该公司进行投资，同时享受该公司的分红权利。拥有某家公司的股权也就可以相应地获得某家公司的利润分红。

第二，股权有增值的价值。

如果1998、1999年我们投资了阿里巴巴公司，只要投资1万元，现在的身价大概算是1.07亿元。因为阿里巴巴市值从1999年到目前为止已经增加了1万多倍。这就是股权增值的价值。

第三，股权有溢价价值。

比如我们买房子，原来是1万元/平方米，现在房价涨到2万元/平方米，很明显房子有增值。增加的这部分价值我们往往称作"溢价"，每平方米增加1万元，这1万元叫作溢价。股票也可以低价买进高价卖出，从而赚取溢价，这就是股票的溢价价值。

股权的两大特性是：

稀缺性。如果按百分比的说法，一家公司所有的股份为100份，每股按照1%计算，每持股1%，可分配股份就会减少1%。股份的总数是有限的，所以股份有稀缺的特性。

防通胀性。股份的另一个很重要的特性就是防通胀性。比如买黄金可能会遇到金价大跌，买房子也可能会因为房价降低而贬值。在同等条件下，股份很大程度上是很好的防通胀媒介，随着企业的不断发展，所持有的股份获得的相应分红会逐渐增加。大部分发展良好的企业，分红都是逐渐增加的，分红的增加能有效防止贬值。老板做企业的目的，很多时候就是想通过产品来挣差价，然后赚每年的分红（见图3–4）。

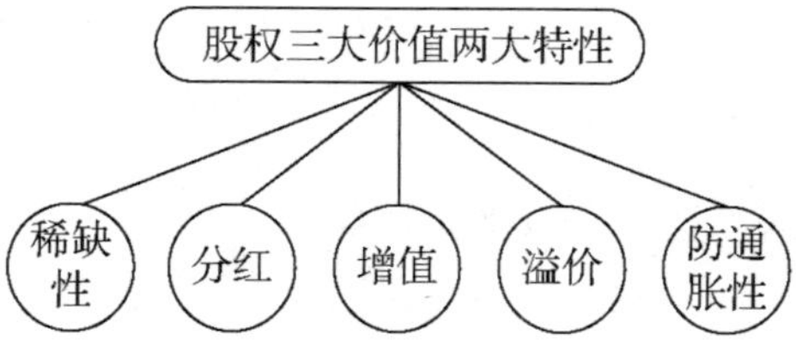

图3–4 股权的三大价值两大特性

资本方追逐的是股权价值

一个企业注册时往里投钱的参与者是所谓的合伙人。企业基本成形以后开始众筹，再找一些人投点小钱。随着企业的发展可以拉进一些风险投资，之后就是找 PE（私募股票投资），PE 投资的目的也是希望将来企业上市之后，所持有的股份能够增值。

股民买股票，也希望买到的股票能进一步增值，然后卖出以赚取差价。这就是资本方追逐的股权价值。

企业类型和企业发展境界

企业常见的类型

常见的公司类型有：光挣钱不值钱型，光值钱不挣钱型，既挣钱又值钱型，不挣钱也不值钱型（见图3–5）。

老板一定要想方设法用两个大脑经营企业，左手是实体，右手是资本，把自己的企业变成既挣钱公司，又值钱公司，最后成为大挣钱、大值钱的公司，实现所谓的商业帝国梦想。

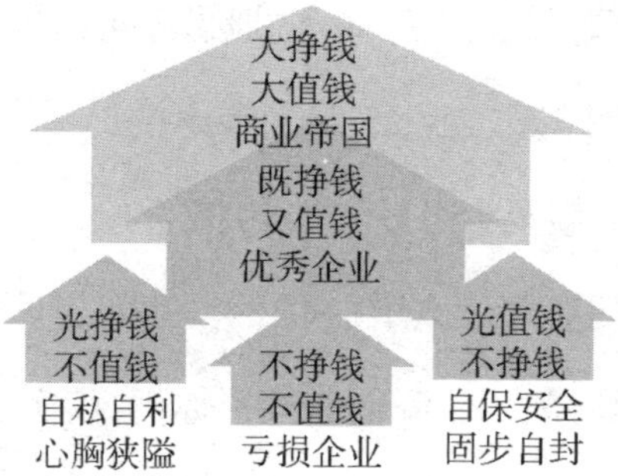

图3-5 常见的公司类型

企业成长的三重境界

企业的成长有不同的阶段，有三重境界（见图3-6）。

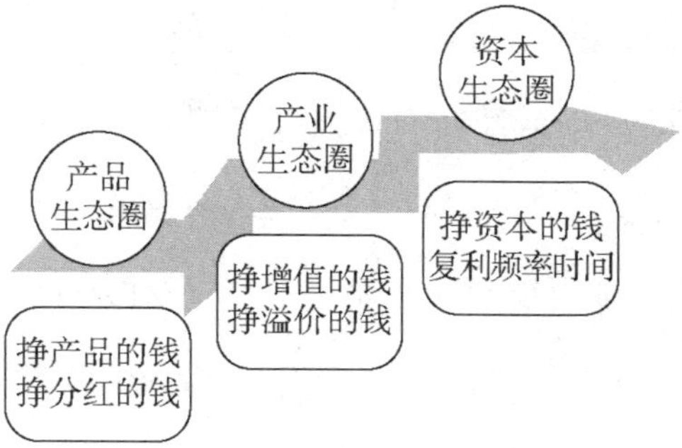

图3-6 企业成长的三重境界

第一重成长境界，此时的企业靠的是挣产品的钱，靠挣分红来生存，企业家是实业家，企业属于产品生态圈。

第二重成长境界，这时的企业靠的是企业的增值、溢价来生存。企业属于产业生态圈，或者叫上市生态圈。

第三重成长境界，企业属于资本生态圈。比如我们作为风险投资人看上了一家生产医药的企业。我们想要出1000万元占他们10%的股份。这家企业的老板说："占5%的股份还可以考虑，占10%的股份就太高了。"我们可以说："那么，我们考虑投资别的企业了，只要我们注资进去，他们的业绩至少可以增加10倍。"

这位很震惊，问业绩怎么增加10倍。我们告诉他："很简单，我们已经研究你们很长时间了。我们敢投资你们，其实已经知道你们企业的生产标准了。如果另外投资的也是医药销售企业，按照你们的标准生产药品，我们是可以保障销量的。销量得到保障的前提下，业绩自然会增加。"于是这个老板同意让我们注资。这时候我们再找到这家企业的上游卖药材的企业，告诉卖药材的企业："我研究你们一两年了，准备出1000万元占你们10%的股份。"他们也不同意这个占比，我们说："我们注资以后，你们的业绩可以增加10倍。你们不愿意与我们合作，我们可以投资你们的竞争对手，对方的业绩就可能增加10倍，那时，你们的企业可能要生存不下去了。"对方吓了一跳，问："为什么？"我们说："因为你的下游××制药企业是我们投资的。我们如果投资了你们，你们公司的药材可以直接卖给他们。"

于是，我们一连串参股了四家公司，然后再找一个上市公司，把这些股份卖给上市公司。或者不找上市公司，把这几家公司整合打包上市，也可赚取增值和溢价。这几家公司上市后，我们安全抽身，完美退出。

万一不能上市怎么办？也很简单。可以找几个上市公司的董事长成立一个资本联盟，组成资本生态圈。几个上市公司董事长约定：

每个人都找自己行业里的好项目、好苗子、好种子。比如一家卖鞋子的公司将来可能上市，大家都来投资这家公司。万一到时候不能上市呢？可以找同样是卖鞋子的上市公司把这家公司并购了。只要有上市公司并购，至少可以保证资本翻几番。

再比如一批人都是做钢材生意的，可以收购类似的钢材企业，大家都去投资，最后要么上市，要么被收购，总之挣的是一种溢价。

主要看你的企业是靠哪种方式挣钱。有的企业是挣产品钱；有的企业是挣分红钱；有的企业是挣增值钱；有的企业是挣溢价钱；有的企业是靠福利、靠时间、靠频率、靠周转率挣钱，这是真正玩资本的高手。

让企业借助股权插上资本的翅膀

股权获得的方式

股权获得的方式大概有以下几种（见图3-7）：

- 出资入股：出资形式很简单，可以出现金，可以出固定资产，另外比如土地、绩效、产权等作为出资形式；
- 股权受益；
- 股权财产分割；

◆ 证券市场收益；

◆ 股权财产转移或者继承；

◆ 股权受让；

◆ 增资入股。

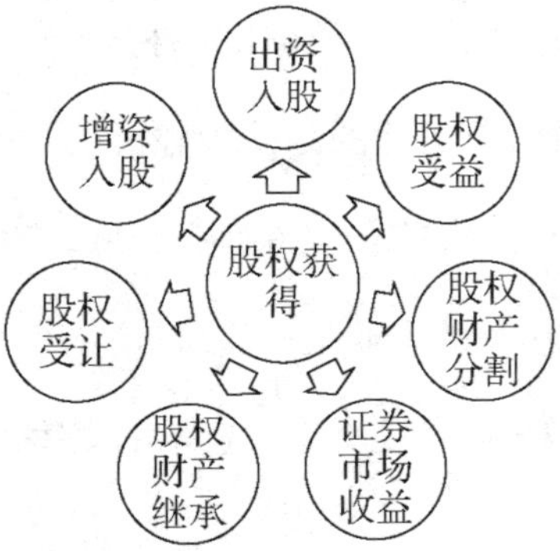

图3-7　股权获得的方式

有人问我："我们企业在对内部员工搞股权激励的时候，是否应该跟员工要钱？"我相信很多人都认为，在企业搞股权激励的时候，对内部员工也好，对外部人员也好，一定要收钱。对于这个观点我是绝对认同，也绝对支持。只不过股权激励最终的目的是为了激励，所以，给员工股份到底应不应该要钱？要多少钱？怎么要？我认为第一原则取决于激励的效果，第二原则才是股权激励尽量都要收

股权激励最终的目的是为了激励。

钱。因为说句不太好听的，有时候你的股份愿意给人家，人家还不一定愿意要呢。

资本进入的路径及方式

当然，资本市场的进入路径有种子轮（比如众筹也是一种方式）、天使轮、A 轮、B 轮等，进入方式有天使投资、VC、PE 等。

下面是股权激励的加法与动态原则：

种子轮：投资100万元，设为100股（股份总值100万元）。

天使轮：投资200万元，增发40股（每股5万，股份总值700万元）。

A 轮：投资600万元，增发30股（每股20万，股份总值3400万元）。

PE：投资1500万元，增发30股（每股50万，股份总值1亿元）。

拆股：原先1股拆10万股，每股相当于5元。

IPO 上市后，增发500万股，每股售价20元。

股份的来源一种是创业股东；另一种是增资扩股，同比稀释（见图3-8）。这里简单介绍一下股东和董事的区别。股东和董事最根本的区别是，股东没有查账的权利，而董事必须做一些财务账，定期提供一些报表。股东与公司只是投资关系，而董事与公司是经营关系。

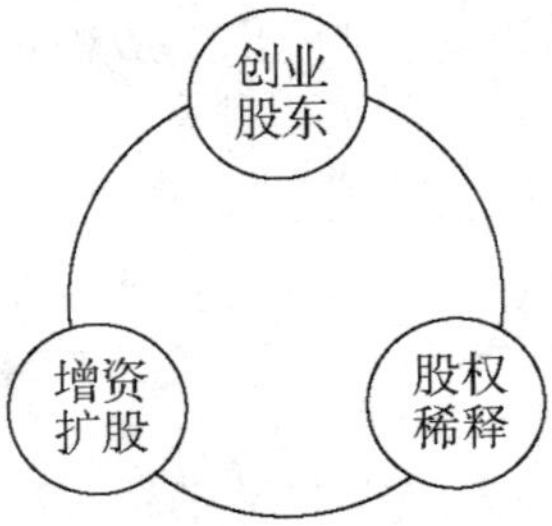

图3-8　股份的来源

用好公司里的"三会两权"

为什么很多公司搞股权激励都失败了？因为这些公司对股权的基本认识都不到位。进行股权激励之后，对所谓的"三会"和"两权"不是很清楚，对股权和股份的认识也不够。

"三会"，即董事会、股东会、监事会，一定要非常健全。"两权"即股权要达到两种最高境界：一个是收放自如，一个是"股散、人聚、神控"。就是想让它分就分下去，想让它收，还能收回来。很多老板是把股权分下去之后就收不回来了，这样麻烦就大了。股权一定要打散，但是散了还要可以控制，更要"股散、人聚、神控"。

公司在进行股权激励的时候，老板一定要记住所有权和经营权要逐步分离，并且分离速度越快越好，至少在头脑中要有这个意识。

"三会"一定要规范。我在帮很多老板做股权激励的时候，跟高管们聊天，想看看高管们的意见。一般高管都会说："你看着做就行了，反正股份给不给我无所谓。"我说："你为什么那么没有激情？老板那么有想法，你怎么那么消极？”他说：“不管给我们多少股份，最终还是老大说了算，没用的。到底怎么花钱，还是他一支笔、一张嘴、一个人说了算，那跟是否进行股权激励有啥关系呢？”这就是“三会”不规范的典型后果，所谓股权激励变成了毫无意义的东西。

股东会和董事会制度完全不一样。股东会是按照股本大小行使表决权，董事会则是按照责任大小行使表决权。也就是说，股东会是按照股份比例表决，而董事会是按照人头一人一票制行使表决权，两者差别非常大。

通常来讲，董事长、总经理、监事会的负责人的产生与任免规则是股东会超过三分之二人数通过，董事会过半数人通过。

有人问我，怎么才能保住自己董事长的位置？问这个问题的人，相信很少真正研究过公司的章程。我希望大家以后注册公司，或者在股份比较多的情况下，看看公司章程，只要你的股权超过三分之二，你是可以改动相关章程的。为了保证自己的位置，我建议你做一些提前备案，这也有助于企业将来的稳固与发展。

记住，在进行股权激励的时候你必须有足够的胸怀稀释股权，并不是所有人都有这种胸怀，也并不是所有人都有这种境界。股权稀释不是能一步到位的，它需要逐步进行，没有最好的方法，只有适合的方法。

股权激励是什么

认识股权激励

股权激励作为一种激励机制，是以公司股票为标的、对公司经营者进行长期激励的各种方式的总称。是将公司的股份或与股份相关的增值权以某种形式，在不同时间、不同地点、不同条件下授予企业高层管理人员或技术骨干，或其他特定人群，使他们或更多人能和公司共建利益共同体，从而分享企业成长所带来好处的一种制度。

股权激励是员工通过获得公司股权的形式，享有一定经济权利，使他们能够以股东身份参与企业决策、分享利润、承担风险，从而勤勉尽责地为公司长期发展服务的激励方法。

激励对象与公司之间以股权为基础建立一种激励约束机制，激励对象以其持有的股权与公司形成以股权为纽带的利益共同体，分享公司的经营成果并承担公司的经营风险。

为了解决经理人和股东的“委托代理关系”中由于信息不对称而导致的“道德风险”，可以通过激励和约束机制来引导和限制经理人的行为，也是一种股权激励。

通过内部公司管理及外部资本市场的合理运作，将员工的财富、未来的财富、企业上下游的财富，以及 VC/PE 等投资机构的财富平滑整合，在企业平台上建立起一套与各方关联人利益共赢的机制。这是基于资本战略的股权激励形式。

股权激励的关键是搭建利益共同体

对内部的股权激励叫作体内股改,另一种利用股权打市场的股权激励形式,我把它称之为体外股改。在企业转型升级的时代,玩股权要玩得更加前卫一点,更加新鲜一点。当然了,并不是单纯为了新鲜而新鲜,也不是单纯为了前卫而前卫,而是根据现在的形势做的调整。以前我们缺的是产品,未来缺的是客户。所以我们要学会用机制、股权把客户圈住,把下游经销商圈住,把大客户锁住。锁住了市场,产品生产就能有的放矢。千万不要好不容易把产品生产出来了,才发现没有销路,那时候企业就会死得很惨了。

新时代来了,可不可以用股权整合上游呢?当然可以。可以用股权整合上游,整合同行,整合经销商,整合竞争对手,整合社会上所有的闲散资源。用股权可以把原来的客户变成经销商,把经销商变成业务员,把业务员变成股东,把股东变成老板,把老板变成小股东,把小股东变成经销商,把业务员变成客户,把客户变成老板。最后达到消费等于投资,投资等于消费的效果。

未来所有转型的目标其实都是搭建自产自销的大平台。

可能有人会说我的公司还很小,没有必要做上市公司的布局。你这么想是因为以前你是做实业的,但是现在必须要有资本思维。如果股权架构一开始的布局都没有达到投资人的要求,是很难借助资本市场融到资的。所以从公司很小的时候就要铺垫好,股权架构越早设计越好。

绝大多数人讲股权激励,会讲身股、银股。身股即以个人劳动力或技术参股（多数是指劳动力），银股是指股东以资金的形式参股，即以“真金白银”的投资注入企业。其实股权的种类至少有二十种，每个行业的股权形式都不一样。

比如互联网公司做股权激励和做传统生意的公司就明显不一样。同样，生产型公司和玩资本的公司的股权激励形式又不一样。同样都是做房地产行业的公司，开发商和中介公司的股权激励形式也不一样。

可以肯定地讲，股权和薪酬这两个话题，任何公司都不能完全照搬照抄别的公司，必须要量身定做。不同公司、不同行业、不同发展阶段、不同领域、不同性格、不同团队、不同老板的思维和风格采用的股权激励形式都不一样。

很多人讲股权激励单单讲股权激励，我讲股权激励一定会和商业模式挂钩，把商业模式和股权嫁接起来。因为光讲股权不讲商业模式会没有方向；光讲商业模式，不讲股权不够落地；光讲商业模式和股权但不玩资本没有大规划。

光讲股权不讲商业模式会没有方向；光讲商业模式，不讲股权不够落地；光讲商业模式和股权但不玩资本没有大规划。

其实股权激励的过程，是信息重组的过程，是文化重建的过程，也是团队重塑的过程。将公司的股份以某种形式，在不同的情形下，授予公司高管或相关人员，让他们和公司搭建一个利益共同体。

所谓的利益共同体，就是有福同享，有难同当。很遗憾，我见过的很多在进行股权激励的老板没有把这点搞明白。这些老板虽然知道进行股权激励要有大爱、有胸怀、有格局，但很多时候只是一味地去送股份，对接受的人却一点要求都没有。其实我以前也犯过这样的错误。特别是有些老板很有义气，老觉得跟着自己打江山的这些哥们儿不容易，给点儿股份还向人家要钱不好意思。实际上这种想法，是“心怀佛祖心，但没行帝王术”。有些时候光有好心，也不一定能做好事情。

搭建一个利益共同体，指的是“有福同享，有难同当，最终为了不吃苦”。为了创造出共赢的局面，为了公司的成长，必须让彼此有更长久的收益，这就是股权激励的意义。

CHAPTER

第四章

股权激励原则

企业经营很多时候，内部真正的效益和股价的关系是很小的。你买股票的时候，买的是一种感觉，感觉这只股票会涨。感觉好不好，很多时候和本质没有太大关系，只是感受而已。

原则1:权力的释放要循序渐进

股权释放的第一原则是所有股权的释放一定是逐步的。有个老板跟我说:“臧老师,我要稀释30%的股份,融资1000万元,或者融资2000万～3000万元。”

我认为,如果不是必须一下子拿到1000万元,可以先稀释10%的股份,融资300万元,哪怕融资100万～200万元也可以。融到这100万元之后,公司就能发展起来了。在发展势头最高的时候,再找第二个风投稀释5%的股份,或许就能融来1000万元资金。所以股份在不同时间稀释的价值是不一样的。考虑清楚你是否希望一开始就稀释这么多股份,这点一定要在股权设计中重视起来。

还有一点很重要,当你把股份给高管的时候,不要觉得一下子给他那么多股份,他就应该从此对公司负起责任了。记住,你就算把100%的股份给员工,员工也还是员工。

有句话说得非常棒,“你给他肉吃,他就会变成狼;你给他草吃,他就会变成羊。”有时候光靠钱喂养的狼,一旦钱没了,他可能就走了。

在公司发展最好的时候搞股权激励，这时吸收进来的股东不一定是最优秀的种子。如果在公司发展不那么好的时候，老板还愿意让人入股,可能是他比较看重这些人,想在公司最难的时候吸收一些比较好的人。

你就算把 100% 的股份给员工，员工也还是员工。

所有的股权激励都是循序渐进进行的,不要一下子把股份都给员工了。员工的心智还是员工的心智,不会因为你给了他50% 的股权,他的心智就一下子变成老板的心智,除非他能发自内心地将公司当成自己的。对员工有太高的要求和期望值,很可能对老板来说是种伤害。

想要考察一个员工是否值得给股权激励,可以三年不给他涨工资,这时他内心一定会有想法。其实不光他有想法,老板也需要有想法。这时老板跟他唠唠:“小刘啊,过来,我找你谈个事。”小刘说:“老大你终于找我了,我也想找你谈个事。”老板说:“那你先说吧。”小刘说:“老大你先说呗。”老板说:“还是你先说吧,反映问题嘛。”小刘很有可能会说：“老大，我在这里干了三年了，现在因为一些原因，我想走了。”言下之意是给涨点工资，或许可以考虑留下来。其实当他讲这句话，或者有暗示的时候，老板立刻就明白了。其实老板今天找他也想给他涨工资，于是老板把桌子一拍：“小刘啊，我今天找你谈的就是涨工资的事。”这句话一说，小刘会怎么想？他会觉得我要是不提涨工资，老板肯定是永远不会提的。

老板明明是真的想给他涨工资，他却仍然认为老板是在故意玩阴谋。其实很多老板是真的想培养员工，真的想让兄弟们跟自己一起干。可是老板怎么想那是老板自己的事，员工不一定跟老板一样想。

股份给多少合适？给得太少，员工感受不好，给得太多，也不合适。要根据公司现状合理分配股份给员工。千万不要因为谈到股权激励，你一兴奋就去分股份。什么东西都是相对的，适度为宜。什么事情都需要掌握火候。没有最好，只有最适合。

原则2：股权不能一下子给到员工

股权一般包含着三种权益：所有权、经营权（或管理权）、收益权。一般来讲，可以先释放收益权，再释放经营权（管理权），最后释放所有权。公司的三种权利相对独立，相互关联（见图4-1）。

所有权：指企业的产权。

经营权（管理权）：指由产权决定的管理权限。

收益权：指由产权决定的利益归属。

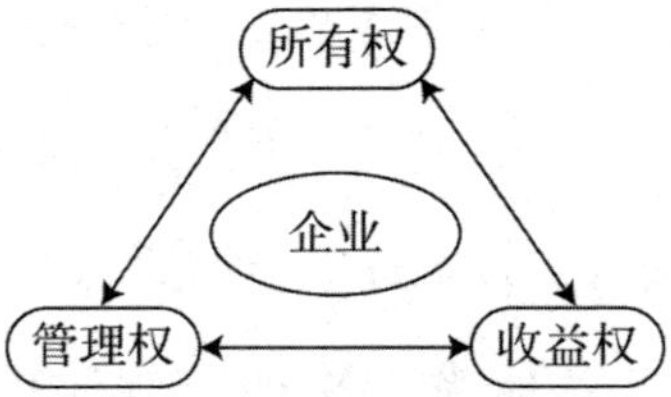

图4-1　股权的三种权益

第一，老板要和基层搭建“利益共同体”。但和基层的员工轻易不要谈股权，注意这里说的是“轻易”，没说绝对不能谈。

第二，老板要和中层搭建“发展共同体”。就是老板必须要明白他们关注什么。不同层次的人关注点绝对是不一样的，人和人之间的区别差别还是很大的。

第三，老板要和高管搭建“事业共同体”，让高管们把企业的事当成自己的事业。

第四，老板要和核心高管与股东们搭建“精神共同体”，在价值观方面取得一致。

这就是说，股权激励一定要循序渐进，不可冒进。在稀释股权的过程中，股权是动态的。绝大多数专家指导股权激励的时候，总是认为把股权分下去就算了。但其实股权是动态的，包括董事长的股权都是动态的，也就是说要天天都考核，年年都考核。

一旦站在股权的“功劳簿”上,人就容易养尊处优了。某个东西一旦属于某个人了,某个人对它的服务意识就不高了;一旦股份是我的了,我也就根本不在乎它的结局了。

比如小李本月的工资是3000元,下月的工资还是3000元,连续好几个月工资都是3000元,他活得很好。忽然你给他每月工资涨到10000元,连续发8个月10000元,再给他降到8000元,他会怎么想?我相信,就算你给他降1分钱,他都会跳槽。

人一旦拥有某种事物了,就会蹲在“功劳簿”上不思进取并觉得理所当然。

为什么“狼性文化”最近又被一些企业提出来了?因为有些企业的股东和老员工们开始不思进取了。

最好的方法是引进竞争机制,这样员工会悄悄改变。在股权稀释的过程中,不能让高管及老板本人的股份不变。不竞争,不学习,只有被淘汰。世界上最好的机制,是能不断地产生竞争力的机制。

原则3:股权和薪酬成反比关系

股权激励的第三个原则是股权往往和薪酬是成反比的。比如我要开一家新的美容院,在原来的美容院里有一些储备人才,很可能会把第一家美容院里的副店长或储备店长调到新开的店面当店长。原来不是店长,现在变成店长了。原来没有分红,现在有了分红。原来没有店长的权力,现在有了店长的权力。他的底薪待遇要比原来好,工作也更具挑战。但很遗憾,很多老板只是把店长的底薪和待遇提高了,没有别的措施了。因为大家普遍认为,他原来不是店长现在是店长了,所以底薪要涨一点。这个行为我完全理解,我只想传递一种思想:原来没分红,现在给分红了;原来没头衔,现在给了店长头衔;原来没有权力,现在给了店长权力。该给的你都给了,你对他有约束吗?没有约束,他的压力何在?没有压力,他的动力何在?

不管待遇是提高了,还是降低了,至少要让他拿到的薪资非常有挑战性。不过,越是高级别的领导,建议固定的薪资比例相对要越低。当然从薪酬的总量上来讲,还是比员工要高的,只是他整个收入的构成比例中,不确定的那部分相应要大一些。基本工资尽量压低,不可确定的薪资一定要拉大。比如一个员工的收入是每月3000元,一个老总的收入可能是每月1.5万元。老总的1.5万元有7000元是绩效考核,其他是他的分红,都是不确定因素。总之,级别越高的职位,薪酬不确定的因素要越大。

原则4:激励和约束成正比关系

有多少激励,就有多大约束。其实玩股权就是玩奉献,玩股权就是玩刺激，玩股权就是玩风险。富贵险中求，有多大收益就要冒多大风险。有多大好处，就必须要给他多大的约束，没有约束的激励，一定不是好激励。

很多老板认为把股权分下去就万事大吉了，其实错了，股权可以分下去，但是要求一定要非常苛刻。要么让他出钱，要么让他拿出业绩，否则一切免谈。

如果因为你的假大爱、假慈悲，让很多人变成了股东，最后你会发现，让他们成为股东容易，收回他们的股权会非常难，你会烦恼无比。

原则5：开始不要轻易给实股

股权激励一定要循序渐进，一开始不要轻易给实股。一般情况下，先给分红，再给提成、绩效，再给限制性股份，最后给实股。所以一般来讲，进公司两三年的人都很少谈实股。如果是合伙人就另当别论，合伙人一开始就要谈实股。但是对于公司内部管理层而言，进公司一年之内，轻易不要谈实股（见图4-2）。

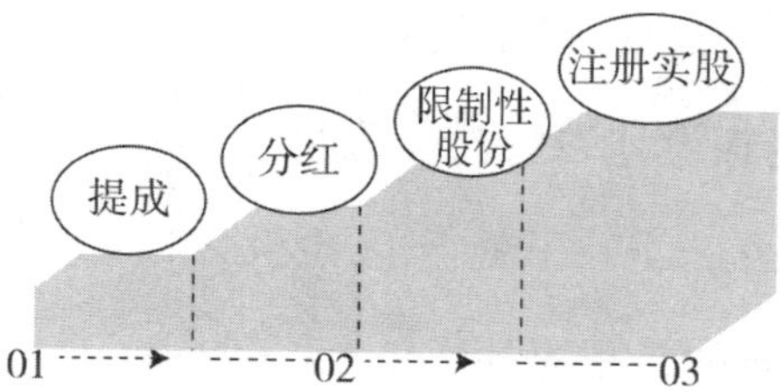

图4-2　股权激励要循序渐进

原则6：因岗位而设，因绩效而得

很多时候，股权激励是因岗而设，因绩效而得。很多人认为股权激励就是把股权分下去。其实不对，那叫股权分配，不叫股权激励。股权激励和股权分配其实差别非常大。我们搞股权激励，如果做得不太好，到最后可能会非常麻烦。

很多老板跟我说："臧老师，其实搞股权激励没那么复杂。公司里面就3个老员工，跟着我好多年了。老刘跟了我5年，我准备给5%的股份；老王跟了我8年，我给他10%股份；老李能力比较强，跟了我10年，我给他15%股份。不就是这么分就行了吗？"我想说，就算他跟了你十几年，你100%的股份都给了他，他也还是原来的样子。

股权激励是对岗的，而不是对人的。我们绝大多数老板设计的股权激励方案都是对人的。几个人分一下就行了，也没错，但前提是针对的是相应的岗位，而不

股权激励是对岗的，而不是对人的。

是个人。要是没有这个意识，将来会非常麻烦。

我们可以设置总经理拿10%的分红。如果这一年他实现了80%目标考核，就可以承诺下一年给他配10%的股权分红，如果第二年的绩效考核他100%实现了，就给他10%的股权分红。第三年他又实现了80%，给他8%的股权分红。三年平均9.3%，给这个岗位设置的股权是10%，最终把它转成实股可能并不是10%，而是9%。

分红比例可以设置得很高，但他们得到的很少，甚至可能得不到。也就是说，把股权给他的时候，并不是直接给，还要有一些附加条件，必须创造一定绩效才可以（见图4-3）。

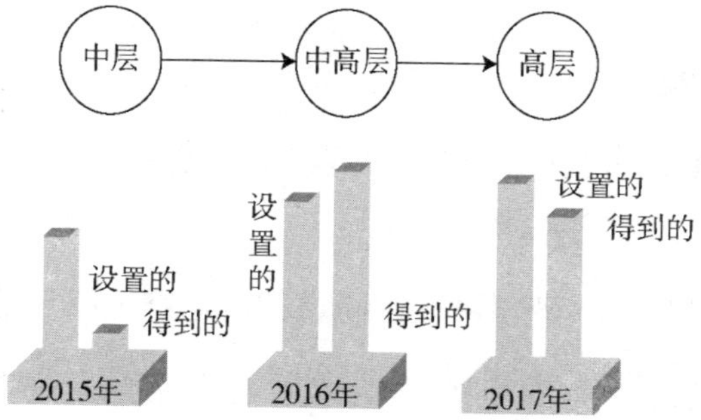

图4-3 股权激励要与绩效结合

原则7：股权激励最好收钱

这个股权激励的原则，是关于收不收钱的。股权激励从某种角度上来讲，是要收钱的，但最好还是由激励效果来决定收钱不收钱。

有没有可能搞股权激励的过程中，公司还在亏损？有。如果固定资产比较多，还可以理解，如果是个空壳的“皮包公司”，还向员工要很多钱可行性大吗？所以对接受激励的员工是否收钱，需要具体问题具体分析，根据公司不同的情况来决定。一般情况下，收钱可能得到的激励效果会更好一些。

原则8：股权激励一定要针对志同道合的人

股权的本质是共梦、共担、认同、权益，还有抱团与信心。其实股份给员工多还是少，怎么考核，是技术层面的话题，首先要考虑的是人的因素。股东要找志同道合的人，需要从以下几个方面考虑：

第一，有共同梦想。

找股东一定要找与你拥有共同梦想的人。价值观的认同非常重要，古人所谓“道不同，不相为谋”，说的就是这个道理。

第二，要能共担风险。

找股东一定要找能够和你共同承担风险的人。一个不能跟你破釜沉舟一起共事的人，你让他成为股东，绝对是在给自己找麻烦，万一你的企业发展得不如预期,他可能会第一个离开,甚至会落井下石以求自保。

第三,能够互相认同。

所有的股权激励其实都是源于认同,你要确保接受激励的人认同你的产品,认同你这个人,认同企业的未来和发展。

第四,为了一致的权益。

如果股权激励最终不能实现一个共赢的局面,那么这种激励就是失败的。进行股权激励的目的是为了获得更大的利益,无论是实行激励的老板,还是接受激励的员工,目标都是一致的,否则,激励将毫无意义。

第五,形成抱团效果。

进行股权激励的结果是希望企业内部能够形成抱团效果,所以不管股权激励如何进行,如果最终达不到抱团的效果,那就是失败的。

第六,对于未来的信心。

所有的股权激励都是源自信心。很多老板整天在研究公司该如何估值,虽然公司估值的方式有很多种,但我认为一家公司最本质的估值方式是老板的信心,比如你能说出公司的未来发展前景吗?

一家公司到底值多少钱,可以从以下几个关键环节去考虑。比如当你有个好点子之后去融资,和你有了好点子,写成商业计划书之后去融资,以及你有了好点子,写成商业计划书,而且找了几个员工开始租办公场地之后去融资,有没有区别?肯定是区别特别大吧。因为当你有好的想法,有明确的商业计划书,已经租了办公室找了员工时,不管风投是否投资，企业都会往前发展。这时，很多风投会自动把原来出1000万元投资，变成拿3000万元投资，因为他看到了老板的信心，这才是关键。所以你对自己有足够的信心，你的公司自然就很值钱。

原则9：价值对等

股权激励的最后一个原则，是价值对等。

股权有以下几个特性（见图4-4）：

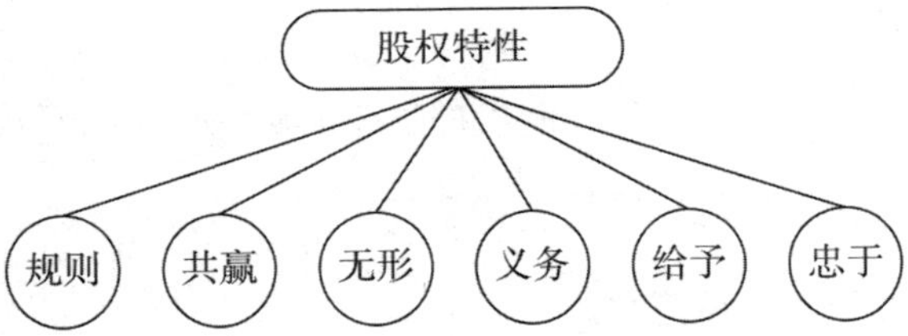

图4-4　股权的特性

第一，规则性。

第二，共赢性。

第三，无形性。

第四，义务性。

第五，给予性。

第六，忠于性。

股权激励做得最悲哀的结果是股权分家；做得好一点的是股权分

配；再好一点的叫股权改制，就是不仅把股权分下去了，而且还能够符合相关法律法规，将来有相关的保护和防范作用；股权改制改得再好点的叫股权激励。

股份给多给少是老板决定的，但是感受好与不好是对方决定的。

股权激励进行到最后就看这六个本质中到了哪个（见图4-5），股份给多给少是老板决定的，但是感受好与不好是对方决定的。所以激励多少不重要，对方的认可才重要。激励多少不重要，有无激励效果很重要，对方怎么看待很重要。我们怎么想不重要，对方怎么想很重要。

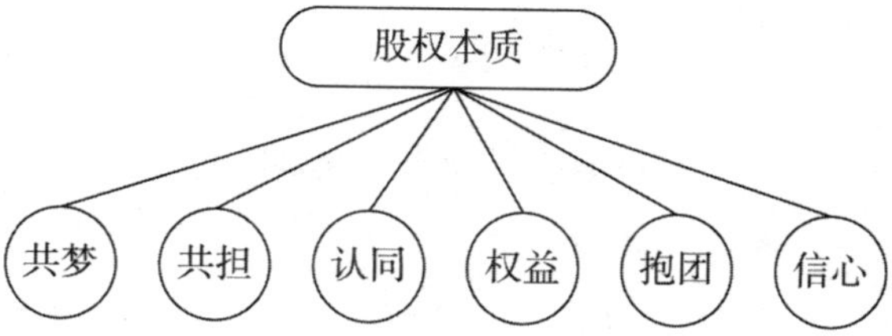

图4-5 股权的本质

企业经营很多时候，内部真正的效益和股价的关系是很小的。你买股票的时候，买的是一种感觉，感觉这只股票会涨。感觉好不好，很多时候和本质没有太大关系，只是感受而已。卖水的并不是卖水，而是卖对方的需求。卖伞的在下雨天最好卖，卖花的在情人节最好卖，根本不是质量问题，也不是功能问题，而是在那个时刻的需求问题。

真正会搞股权激励、会卖股份、会玩股权的人，绝对不会拘泥于数字。小玩玩数字，大玩玩感觉，最会玩的在玩梦想。你如果想把股份卖得更好一点，不管是对内搞股改，还是对外搞整合，都需要把股份塑造得很有价值。

CHAPTER

第五章

用于激励的股权的常用模式

股权激励最不好的结果是老板不仅分出去了自己的股份，还分出去了自己的钱。股权激励成功的最重要标志是老板把股份稀释了，但是得到更多的钱，或者是得到更多的溢价。

老板想要用股权来激励员工，要怎么把股份给出去呢？一般来讲有三种方式：

一是买。其实就是让员工用现金买公司的股票。

二是折。比如公司把股票兑给别人的时候，可能是1元一股，给员工的时候可能是8角或者5角一股。

三是送。就是直接给员工股份，不需要员工自己出钱买。

实　股

实股是与"虚股"相对而言的，通常把花钱购买的股票叫作实股。实股又分为注册性实股、限制性实股、优先实股、可转换实股等几种（见图5-1）。

注册性实股

通常公司的股份由谁持股在工商局会有备案，若公司给其他高管

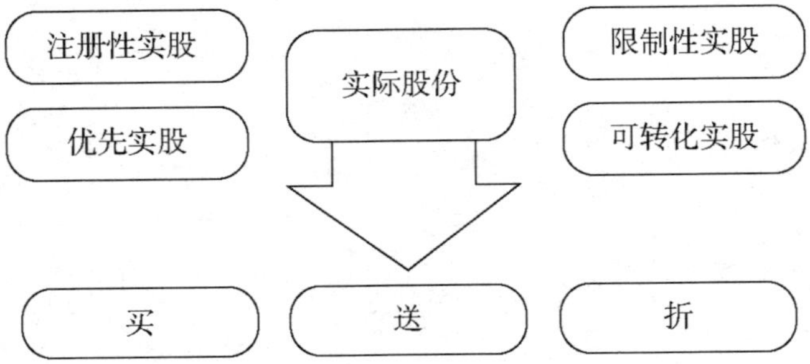

图5-1 实股的种类和获得方式

部分股份也需要到工商局备案，这种情况算是注册性实股。只是在给一个高管股权的时候，如果对他的情况没有把握，就贸然到工商局做变更，过后可能会麻烦不断。

进行股权激励的时候要清楚，你即使把所有股份都给了员工，他也还是他。他可能拥有股份成为股东，但是并不一定拥有老板的心态和境界。

我们可以一夜之间让他成为股东，但是想让他真正成为公司的主人还需要一个成长的过程。也就是说，谁都可以随便到工商局注册成为老板，但只有能把企业经营好的老板才是好老板。从一个只有老板之名的人到能够把公司经营好的老板是有很多路要走的。

限制性实股

把所有股份都给某个员工，效果也并不一定就好。可以尝试给员工一些限制性实股。我们虽然很想让某个员工成为实实在在的股东，但是对这个人的真正情况目前还没有特别大的把握，可以跟他签订一些相关的约定，在约定的范围内，他可以拿到一些股份。

比如一个高管干了半年之后，你给他了股份。但是他干了一年之后，你发现他没有你想的那么优秀。你想把他辞退，那他的股份怎么办？不管你是通过什么样的方式让他走的，他都会给你带来一定损失。因为他走了之后，最大的可能是到你的竞争对手那里去，或者自己去创业，就有可能会挖你的人才，抢你的客户，夺走你的相关资源。那你将要如何应对？这些问题，需要你在给股份之前想好。一开始就约定清楚，免得日后麻烦。

优先实股

优先实股在利润分红及剩余财产分配的权利方面优先于普通股。优先股股东没有选举及被选举权，一般来说对公司的经营没有参与权，优先股股东也不能退股，只能通过赎回条款等公司赎回股份，但是能获得稳定分红。

可转化实股

股份持有者可用此种股份来转换同一公司的普通股、优先股或其他债券。

以上这些我们通常都叫实际股份，比较常用的是注册性实股和限制性实股。

期　权

所谓期权,有一个非常好的特性,就是员工只要花很少的钱。这种方式前期不需要员工出太多现金,员工会更喜欢,有高度的认同感。

小刘是我聘请的常务副总经理,我对他的能力没有把握,公司快要上新三板了,上了新三板之后,股价能翻好几番。现在的股价是1元,我可以给小刘一个权利,让他在短期内有资格用1元/股的价格,来购买公司的100万股,这就是"股份期权"。

如果公司的股价真的涨到了5元/股,他当时买100万股,其实花了100万元,买过来的是100万股价值500万元。这也就意味着,如果在这一年里,大家同心协力把公司的股价往上推,让公司不断对内对外增值,那么公司的股价就会涨得更高。

也就是说,小刘可以在规定时间内,用最低的价格拿到已经估值比较高的股票,如果他让公司增值10倍以上,他的收益也相应更高。

这就促使他必须要全力以赴地把公司的股价往上推。对小刘来说,他一开始不需要花钱,公司也不需要花钱。公司只需要跟员工签一纸协议就可以了。这种方式,其实就是不花钱的一种激励方式。

但是这种玩法，多半是公司有井喷式的发展，吸引人的力量比较大。股权激励最大的特点是老板请客市场埋单，不是分老板的钱，而是大家一起去赚市场的钱。

股权激励最不好的结果是老板不仅分出去了自己的股份，还分出去了自己的钱。股权激励成功的最重要标志是老板把股份稀释了，但是得到更多的钱，或者是得到更多的溢价。

比如你的房子是1万元/平方米买的，现在房价涨到了8万元/平方米。虽然你没有卖房子，但是你心里很清楚，自己已经是千万身价了。所以，溢价前后持股人心里的感觉是完全不一样的。很多高管拥有了股票期权，特别是在股份期权增值的时候，就觉得特别开心。比如，某员工昨天还是一个职业经理人，一眨眼工夫，来了一个风投，出资1000万元占公司10%的股份。他原来的股份值1万元，现在风投愿意花100万元买他一股，他的资产一下子就翻了N番。

再如，老板给了一个员工2%的股份，价值2万元，风投一进来，他变成200万元的身价了。如果再来个风投，就可能会变成2000万元的身价了。实际上，他分文也没有拿到手中，但是心里想到这件事，感觉就不一样了。

期权的关键

股份期权是一种非常好的玩法，有几个关键点要注意：

1. 股份期权不需要员工掏太少钱。

2. 对公司和员工个人的风险都不是非常大。

3. 采用这种激励方式的前提条件是公司一定是有井喷式的发展。并不是所有的公司,都适合这种玩法。

比如传统生产型公司每年的增长率在20% ～ 40% 就已经相当不错了,这类企业想用期权激励员工可能效果就不佳,因为它的发展速度不够快。

期权的玩法是从西方传过来的。中国人更喜欢玩分红。这不仅仅是由于民族文化的不同,也是由于业态的不同。西方人比较多的是轻资产、智能化、玩资本的企业,他们一开始就是直奔资本市场去的。

希望各位企业家要多学怎么用期权。其实你从事的行业,加上一点互联网时代的特色,或产融结合,也能很快实现增值。很多人都是手捧着金饭碗在到处要饭,只因不懂得如何用期权进行激励。

从现在开始,你要改变自己的思维,公司未来一定离不开两个字,那就是“整合”。学会整合,企业才可以做得更大。

期权的要素

期权有几个要素(见图5-2):

第一,固定人。

第二,固定时间。

第三,固定价格。

第四,固定数量。

第五,固定标的。

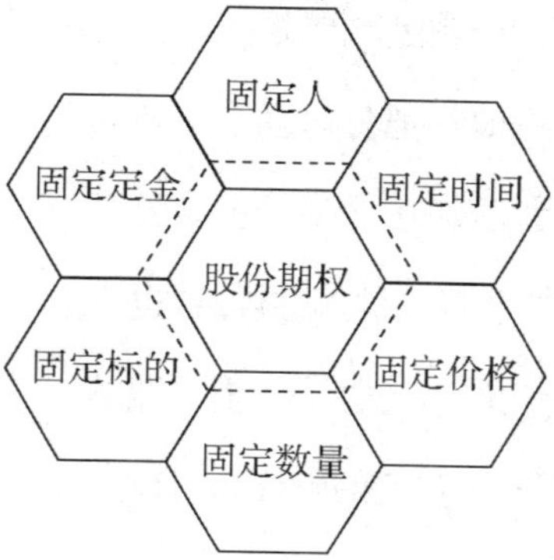

图5-2 期权的要素

第六，固定定金。

到底是“先分赃再干事”，还是“先干事再分赃”？我观察绝大多数企业家其实是没有做到先分赃后干事的。绝大多数老板都这么说：“小刘，你放心，跟我干，我说话能不算话吗？只要你干得好，我绝对不会亏待你的。”结果，一到年底却真的亏待了。

如果你的老板再跟你讲这样的话，你可以对他说：“老板，你准备怎么样不亏待我？咱说清楚。可以先用白纸黑字写好，达到多少贡献，给我多少股份；达到多少贡献，给我多少分红或奖励。只要白纸黑字写清楚，我一定玩命努力工作。”

当然，期权也可以改为期房、期车、期人，生活中到处都可以用。

固定时间、固定价格、固定数量、固定标的都比较好理解，这里重点说一说固定定金。固定定金是给员工期权的重要前提，员工取得期权之前必须先交一定数量定金。假如有个人是2017年3月1日到公司上班，干了半年后发现公司的股价从1元/股涨到了10元/股。搞不好他很快就想套现走人，但他继续待在这个岗位上，老板把所有的信任都给了他，最后他却把公司害了。他表面上在认真工作，背后却在寻找下一家公司。当然每家公司，都会有一批人这样，这也很正常。但是这种行为严重伤害了老板真诚的心灵。因此老板需要用宽广的胸怀来对待人才，也要用制度约束人才。

西方人非常注重游戏规则。在搞股权激励的过程中，建立游戏规则是非常重要的。比如让员工可以用1元/股购买100万股公司的股票，但是公司有个要求，1元/股的价格已经很便宜了，未来股价可能会涨到8~10元/股，甚至更高，要求员工先交至少1/10的定金，实在不行先交1/20也可以。公司把这么好的机会给你了，股价又要升值了，却让你以1元/股的价格来买股票，可见对你是多么重视。如果你将来不买股份了，这定金就冲抵了。

股权激励和约束一定要对等。有多少激励，就要给多少约束。绝对不可以假慈悲，假大爱，那样最后被伤害的是老板自己。

股权激励和约束一定要对等。有多少激励，就要给多少约束。

期权的类型

期权分为技术期权和资本期权。我们经常会遇到这样的情况，有个人掌握了一项非常棒的技术专利。我们认为有前景，就说："咱们一起干，我给你30%的股份，咱们去工商局注册。"这句话会让人感觉踏实，很实际。但是你说这话时是否想过，他这个专利管不管用？有没有可能他的专利到后期还需要再找人研发？如果后来真出了问题，那30%的股份已经给他了，你仍然需要继续融资，仍然需要继续研发，那么，这种激励方式就是不对的。

正确的激励方式应当是：我承诺，当你们负责技术的整个部门或团队把产品研发出来，在市场上获得利润时，我把30%股份给你。

你现在拥有一项技术，我很欣赏你，但是你也必须明白，我们的合作我是要先真金白银花出去的，你也是要花费精力和时间的。你投资的是技术，我投资的是金钱。我们的目的是最后要挣钱。虽然你是用你的技术在创造财富，但是如果最后并没有新的财富创造出来，就等于我们俩都白干了。因此，这种情况使用期权激励比较适合。

期　股

期股最早产生于20世纪70年代的美国，在西方大型上市公司中得到普遍实施，自1993年万科使用后，全国各大企业纷纷效仿。

有个企业的固定资产价值2亿元，老板也非常博爱。他告诉我："老师，我要拿出20%的股权来稀释。"我们就按2亿元的固定资产来核算一下，它的20%价值4000万元。这4000万元哪个高管能一下子拿出来？那么，股份是给呢，还是不给呢？其实这个时候，采用期股模式可以解决这个问题。

大家想象一下，一所房子价值500万元或1000万元，我们作为一个普通人，一下子是很难拿出这么多钱的。怎样才能促进房子销售呢？于是就有了新的模式，先由银行借款给老百姓，老百姓买了房子，把房产质押在银行，然后再用自己每月的工资还给银行。什么时候你把钱还完了，房产就彻底归属你了。通过这个转化过程，化解了融资难的困境。

通过这种方式把利益相关方就整合到了一起。这种价值链上的一个节点做出的相关调整，就可以转换为一种新的交易方式。比如房地产商原来是卖房子，现在不卖房子了，开始出租房子。哪个小区里没有超市？哪个小区里没有幼儿园？哪个小区里没有养老中心？他完全可以打造一个基础设施完备的非常好的生活社区。原来是一次性卖房给你，现在是搭建一个生活平台养你70年。玩法完全变了。原来是卖电梯，现在是送电梯，靠后期的维修和经营来挣钱，这就是商业模式的调整。

商业模式是资源整合的最高境界。我们回过头来看看股权激励，问题就变得好解决了。首先由公司借钱给高管，高管拿着这些钱去买公司的股份，接着把合同或者股权证书押在公司里，用每年的分红加上收益还欠公司的钱。什么时候把钱还完了，股份就真正属于他了。

期股有独特的优点（见图5–3）。

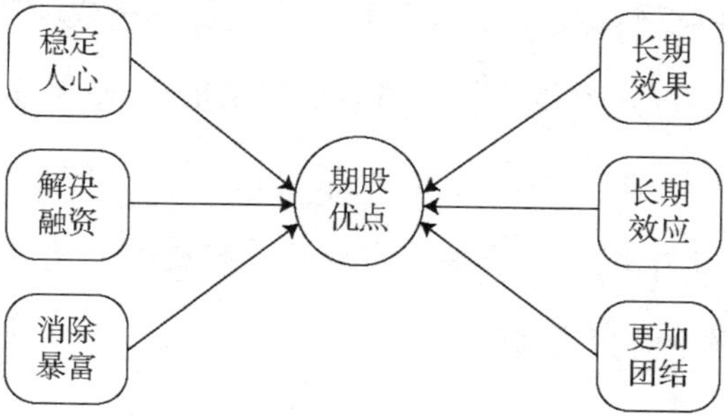

图5–3 期股的优点

首先，期股是股票的增值与企业资产的增值、效益的提高紧密联系在一起的，这促使经营者更加关注企业的长远发展和长期利益，经营者的股票收益难以在短期内兑现，从而在一定程度上解决了经营者的短期行为。年薪制加期股的激励模式现在已被越来越多的企业认可。

其次，期股是经营者的股票收益中长期化的方式，也就是说其利益获得也将是渐进的、分散的。这在一定程度上克服了由于一次性重奖使经营者一夜暴富，摆脱了办公室贫富差距造成的经营者与员工收入差距过大带来的矛盾，有利于企业内部稳定。

再次，期股可有效解决经营者购买股票的融资问题，从而实现以未来可获得的股份和收益来激励经营者更努力地工作的初衷。

第四，股票来源多种多样，既可以个人出资购买，也可以通过贷款获得，还可以通过年薪收入（或特别奖励）中延迟支付转化而成。

第五，股票收益将在中长期兑现，可以是任期届满或任期届满后若干年一次性兑现，也可以是每年按一定比例匀速或加速兑现。

最后，员工得到收益后对公司的认同感更高，整个团队氛围更好，更加团结。

据此，可以得出，采用期股进行激励一般有以下几个关键点：

1. 先由企业借钱给高管。

2. 由高管拿钱买股份。

3. 把股份或合同押在企业。

4. 按月或按年回填欠公司的钱。

5. 确定高管还款期限。

这就由原来需要高管一次性拿出来几百万甚至上千万元转变成了按揭贷款的形式。每年按分红来回填欠公司的钱之后，股份才真正属于他。

房地产按揭贷款银行通常会问你贷多久，是10年贷，还是20年、30年贷？很有可能高管每年都说自己没钱，欠公司的钱遥遥无期或根本不还，很有可能硬把公司拖死。

所以要提前锁定还款期限。一般借公司300万元、500万元、1000万元，要多长时间还完，是3年、5年还完，还是10年还完？要事先确定一个年限。这个年限越短越好。因为资本的最大价值是时间，第二大价值是复利，第三大价值是频率（或叫流通速度），第四大价值叫诚信。如此看来，自然是资金周转越快对公司越有利。

很多时候，公司上市那一天，也可能就是公司走向死亡的那一天。很多公司在上市之后,即使是前台的小姑娘都身价千万。原来月薪三五千的小姑娘一夜之间身价千万。而公司上市之后聘请的职业经理人月薪才5万,那么一个月薪5万的职业经理人怎么能管得了一个身价千万的前台小姑娘?并且这个身价千万的前台还是老员工。

这种一夜暴富的现象会让很多公司陷入麻烦。大家养尊处优,身价越来越高的时候,就可能会飘飘然。而期股往往带有长期激励的效果,这些钱不是一下子就能拿到手的,是慢慢拿,这样比较有长期效果。

这种方式会让公司更加团结,因为员工既当股东投资,同时又要干活。所以他对公司的感情比一般人都深得多。对于很多固定资产比较大的公司而言,这是一种非常好的股权模式。

分红股

分红股是比较常用的股权激励形式之一。分红股只有分红权,没有所有权、流通权、建议权、质押权、分财权。

分红股分为以下几种:岗位分红、绩效分红、协作分红、养老分红、功劳分红、福利分红(见图5-4)。

玩股权也是要与时俱进的。今年给一个店长10%的股份,明年再给这个店长10%的股份,后年给10%的股份,这个股份比例变成固定的了,这样对店长来说一点激励的效果都没有。

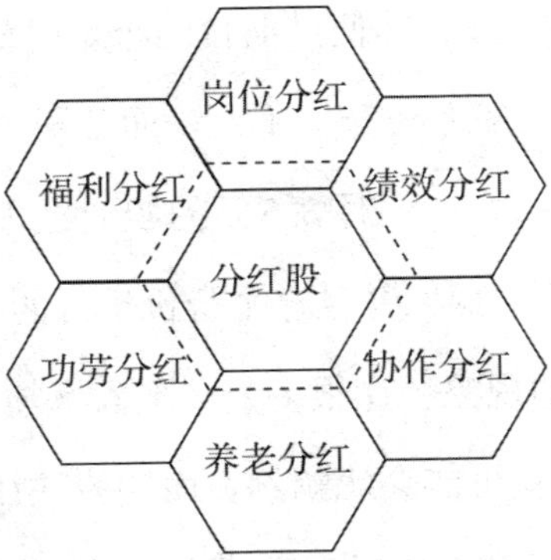

图5-4　分红股的具体种类

股权激励不是为了把股权分下去，根本目的是要激励出员工的狼性。因为任何一家企业最重要的、最值钱的不是技术，不是专利，而是所有员工都能非常努力地工作。

有人说我有专利，这是我的核心竞争力；也有人说我有资源，这是我的核心竞争力。我想强调，这些东西都不是你真正的核心竞争力，真正的核心竞争力是软件，而非硬件。

什么叫好的商业模式？就是一听就明白，一想就知道前景无限，一执行企业就能活。为什么我按照这种商业模式一做就活，你一做就死？因为你没有掌握核心竞争力。很多老板在介绍商业计划书的时候都藏着掖着，不愿意说出最核心的东西，其实他们忘了总有一天竞争对手会知道他们在干什么。早一点让人家知道比晚一点更好。因为这会迫使你从一开始就设置一个防火墙，没有防火墙，再好的商业模式都会被别人复制。很多企业都是在模仿别人，最好的创新方式就是向同行模仿然后再加以改良。

很多老板是每年都给员工10%的分红,造成了员工干得好与不好都可以拿到分红。这是股权激励中最大的一个毛病——“搭顺风车”。

任何一个组织,一旦出现这种现象就会非常危险。股权要在变动中循序渐进,要有严格的绩效考核来配合,绝对不是随随便便就可以给的。

其实,我们完全可以把给员工的10%分红分成两部分。只要坐在店长或者副总的位置上,都可以拥有5%的岗位分红,另外5%的分红要带有绩效考核的性质,暂且叫“绩效分红股”。也就是说,你作为店长或者副总,有5%的岗位分红,但如果你不能达到公司的要求和标准,另外5%的分红是拿不到的。这样就尽最大可能给员工带上一个“紧箍咒”。

激励和约束是对等的,不能让太多人“搭顺风车”,不能让太多人坐在股本上一劳永逸。要想尽一切方法让员工动起来,这才是股权激励的关键。

激励和约束是对等的,不能让太多人“搭顺风车”,不能让太多人坐在股本上一劳永逸。要想尽一切方法让员工动起来,这才是股权激励的关键。

虚拟股

虚拟股可以分为四种形式（见图5-5）：

限制性完全虚拟股；

限制性部分虚拟股；

非限制性完全虚拟股；

非限制性部分虚拟股。

图5-5　虚拟股的四种形式

很多公司采用的激励形式是限制性完全虚拟股。

虚拟股是这样的。假如公司现在价值1亿元，法人代表自己占50%的股份，按照1元/股，分成1亿份，法人代表占5000万股。总经理占30%，即3000万股。一个副总占10%，即1000万股，再一个副总占比10%，正好就是100%了。到了第二年，公司的资产达到2亿元，按照正常的思路，增加的1亿元资产是股东的。但也可以说增加的资产是全体员工的，因为这是大家一起努力的结果。其实这两种说法都是正确的。

如何使用好这笔钱将决定公司的未来。华为掌门人任正非认为这些钱不是自己的,应该是属于大家的。一开始股东投资的那一部分是几个股东的,后面增值的资产是全体同事共同努力的结果,所以应该分给大家。他认为自己不能拿50% 的增值,虽然前期自己的出资占了50%,但他觉得自己在公司创造的增值部分贡献中只占了30%,所以分配比例为董事长占30%,两个总经理分别占20%,还剩下30%,把这30% 按照绩效考核岗位细分,比如总监分5%,经理分3%,精英员工分2%。依此类推,公司的50% ～ 60% 的人都拿到了股份。这样分下来任正非自己的分红比例降低了。

这样算下来第一年任正非占50% 的股份,是5000万股。第二年公司增值了1个亿,他得到了3000万股,加起来就是8000万股。很显然,第二年虽然他占比小了,但是他的占比总额大了。

限制性股

股权激励是将公司的股份或股份的相关增值权、相关分红的收益权,以某种形式授予公司的高管的形式。有时公司为了融资也会采用稀释股权的形式。

有次我在课间见到一位女士。她跟我说她的朋友是做公交车体广告的,他现在想搞众筹,要在公交车上安装电视机。但他现在没有买电视机这笔钱，想稀释点股权来融点资。有的时候稀释股权这种方式可能会构成很大的风险。最好的方法是不稀释股权，先用收益权来众筹，这就是一种限制性股权，投资的人仅有部分收益权。

假如公交车上电视机的投资回报期是3年，或者是投放权限是3年，第一年或者第二年就可以收回成本，可以把后面这一两年的赢利分给投资的人。这种方法对于消费品行业或服务行业，如美容美发、咖啡馆、酒店等，其实是比较适用的。

就拿酒店行业来说，稀释股权融资效果不一定是最好的。可以把每个房间的收益权承包给某些人，或者规定10年之内房间的收益都归认筹的个人所有。这样，他把钱先掏出来了，我们可以用这些钱维持酒店的经营运转。

假如我们是搞餐饮经营的，周围有很多商务办公楼，有很多老板和公司的高管会来这里吃饭。我们就可以找他们谈，把某一个包厢当作他们固定的餐厅或食堂，或固定接待客人的地方。比如平常一个公司一年要消费10万元，可能也就能消费20～30次。现在只要交10万元，可以不限次数消费，每次有个最高消费价。这种方法操作很简单，根本不需要动原本的股权结构，就可以融到资。

积分入股

一些服务型或销售型公司有很多业务员，每隔三五年就会流失一批，自己号称行内的“黄埔军校”。做终端的这类公司的核心竞争力可能就是团队。但做这一行的门槛比较低，业务员干三五年就学会了，然后要么跳槽，要么自己单干。

这时候就可以通过股权激励的方式留住人才。比如可以在他们工作还不满3年的时候，让他们转变成股份的拥有者，或者是相关收益的拥有者。

可以通过公司的一些相关财务数据分析，对业务员做统计分析。比如一个业务员从进公司开始算，大概3年时间可以出师，或者大概3年时间可以创造1000万元的价值，于是公司可以规定，只要一个业务员每为公司创造10万元营业额，公司就给他累积1个股积分。按照这样的逻辑，如果他能一年做300万元的业绩，就可以积30分了。如果他从一个普通业务员最后变成资深业务员给他积5分。从资深业务员能够升到主管，再给他积5分。如果他能够升为经理，给他积12分。这样基本上可以保证他在公司做到两三年的时候，积分达到八九十分，努力一点甚至可以达到100分。当他达到100分的时候，公司就可以把总股本从原来的100股变成101股，让他占其中的1股。

根据这个规定，无论哪个业务员都有获得股权的机会，所有业务员一视同仁，人人都有从业务员变成股东的绿色通道。也就是说，普通业务员经过3～5年的积累和努力，有机会获得公司股权，成为公司合伙人。

当然，这么做要有个时间限制，比如要求积分累积不超过5年，或不超过8年。员工在越短的时间内达到相应积分，老板可以用越快的速度让他变成股东。

财务部、行政部、后勤部门也都可以采用积分制形式进行股权激励。如果谁在公司工作了两三年，每一年积10分，每为公司节省100万元的成本，直接积10分。通过这种方式，让财务部、行政部、后勤部的骨干也可以成为公司的股东。这种“积分入股”的方式适合所有的服务型公司、销售型公司。

员工获得了股份之后，是不是马上就到工商局注册呢？我认为可以注册，也可以不注册。因为在工作过程中，还要不断考察他。如果他真的符合某些要求，就可以直接给他进行股权变更。但如果他还是有很多方面不太明确，可以再观察一段时间，比如一年，但要先定个明确的游戏规则。

如果你发现某个人非常棒，就可以把他变成实实在在的股东。只是要提前设定一个门槛，搞一个台阶，最重要的是一定要公平。因为股权激励可能会引发很多老股东的不满，人都是“人不患寡而患不均”的，所以搞股权激励的时候，没有必要藏着掖着，特别是如果你的公司是简单型公司，更需要透明。

有的老板年底时经常把员工单独拉过来，语重心长地讲：“小刘啊,全公司人都没有这个红包,我就给你一个人,千万不要告诉别人你有红包。”结果往往是他刚走出去,大家都知道谁有红包了。还有的老板说:“小刘啊,全公司的红包给得都很少,就你的红包给得很多,千万不要告诉他们你的红包有多少。”你越这样说,他越好奇别人的红包有多少,其实他不怕不公平,而是怕自己不知情。他越不知道,越想去了解。刚走出老板的办公室的时候可能真的不想说,结果来一个人拍拍他的肩问:“红包多少啊?”“老大说了不能说。”“看看不就知道了。”结果被逼无奈打开一看是3800元。“你的红包有多少?”“老大给我6800元。”“老大骗我,说给我是最高的。”所以,其实越想藏着掖着越没用,反而没有激励效果了。

在公司要打造一种简单、透明的文化,一种公开公正、平等的文化,当然老板的胸怀和眼光将决定企业的文化。

超额分红奖

超额分红特别适合销售型公司、野蛮成长型公司。比如说,今年你要能实现100万元业绩,我给你多少提成,如果业绩超过100万元,我给你多少提成还要送你多少股份。这个超额的激励就是员工努力工作的动力,员工会努力提升自己的业绩,以拿到超额分红。

消费型股权

消费型股权就是要想尽一切方法用商业模式、用股权把客户变成经销商，把经销商变成业务员，把业务员变成股东，把股东变成老板，把老板变成小股东，把小股东变成业务员，把业务员变成经销商。客户在消费的时候就相当于是在投资。或者他投资的时候，就是在消费。这种形式就叫消费型投资，和它相关联的激励叫消费型股权激励。

有一家公司做得非常棒，现在在全国已经拥有30万直销人员了。那么他们公司是采取了什么方法，迅速扩大规模的呢？

据我了解，他们公司有2000多家线下体验店，30万的销售人员天天拉客户到线下体验店去体验，体验完之后想要消费的话只能到他们的网站上。然后他们再把产品寄给消费者。消费者在网上每一次消费，后台都有记录。当消费1万元的时候，后台就送消费者1万积分。同时会承诺，将来公司上市的时候，会根据消费者消费的积分，按照100∶1的比例赠送原始股票。

这家公司通过这种方式迅速扩大了规模。一个客户消费100万元，拥有了1万股股票，拉他来消费的业务员将会得到2000股的原始股票。这个业务员的主管将得到1000股，主管上面的经理将得到500股，经理上面的总监得到200股，总监上面的副总将得到100股，副总上面的大区老总将得到50股，依此类推（见图5-6）。

当一个客户有消费的时候，整个链条上的所有人都有分成，都会

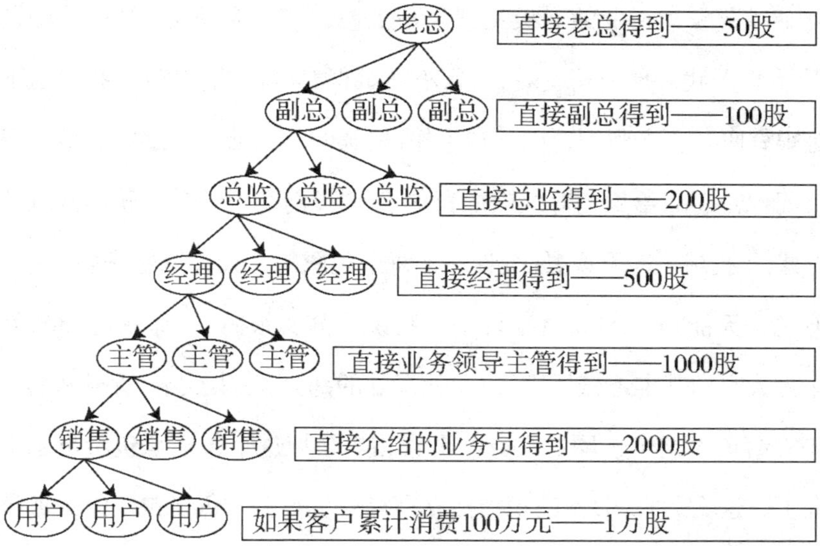

图5-6 积分入股举例

分到上市前的原始股票。按照这样的思路,客户在消费的同时,也会不自觉地把自己转变成为销售员,把身边的朋友都拉过来消费。当他们的朋友消费达到一定额度之后,他们就可能变成主管。

其实,这种模式符合最终一定要实现“自产自销大平台”趋势。很多公司都非常适合用这种方式。

我们可以通过这种方法整合上游,也可以通过这种方法整合下游,还可以用这种方法整合大客户。整合上游、整合下游、整合大客户、整合竞争对手、整合社会闲散资源,整合所有能用得上的资源的方式就叫作消费型股权激励。消费型股权激励,其实就是搭建一个大平台。

其实很多时候,只要你转变了思想观念,境界就会完全不一样。

有个经营餐饮行业的老板见到我马上说，“老师赶紧救我，我的公司不行了。”我去他公司一看，一帮小姑娘很有激情地在工作，我说这不是很好吗？“老师别看她们在工作，但她们不出活，没业绩”。后来我就问他是怎么给她们算绩效的？他说：“我们采用的是底薪加提成的方式。”我想了一下说，你统计一下每个包厢每一天大概能挣多少钱？他说每天能挣1800元就很好了。我说这其实很简单，那就把1800元作为大家的基本考核标准，1800元以外的部分，除去成本，所得利润的70%给负责这个包厢的人员。也就相当于把这个包厢承包给员工个人了。这么一来，大家的积极性立马提升了很多。负责包厢的服务员思想已经不一样了，原来找一大堆理由不理顾客要求，不和顾客打招呼，自从承包政策实施以来，积极性很高，服务很到位，让顾客很满意。

后来我就问这些服务员为什么那么有积极性。“顾客的消费只要突破1800元，我就有可能有高额提成，我觉得越干越有意思了。”这是她们给的答案。

CHAPTER

第六章

股权激励“十一定”艺术

股权激励本质上是企业家人性、情感、思想、人格等智慧的结晶，是领导者领导能力和经营能力结合的伟大艺术。给员工分股份越合理，企业就越强大，企业和老板的钱也就越多。

定梦想

成功的企业家都会向大家展示他们的梦想，比如比尔·盖茨的梦想是让每个家庭都有个人电脑；松下幸之助的梦想是生产优质产品，改善生活质量；福特的梦想是生产出普通人能够消费得起的汽车；李彦宏的梦想是用网络技术改善人们的生活，还有三一重工梁稳根的500强梦想，马云的网络商业帝国梦。正如威尔逊所说："所有伟人都是梦想家。"

会卖产品的人在卖感觉，不会卖产品的人都是卖功能。公司的价值是什么？不是资产的价值，而是一个公司梦想的价值。没有梦想的员工会关注分钱，有梦想的员工关注的是未来的梦想价值。要让员工明白股份和公司未来价值的成长间有什么关系，这才是根本。所以股权激励做好是卖梦，做不好是论功行赏，千万不要为了分股份而分股份。

公司的股价是怎么来的，是相信这个公司造出来的梦的人买入股票，不相信这个梦的人卖出股票。

为什么那么多公司亏损的时候还上市呢？比如 Facebook、雅虎、谷歌、微软亏损的时候还是照样有价值，价值来自什么地方？就是来自公司的梦想。

为什么有些企业家的股份没有价值？因为没有塑造出一个愿景来。对于股份的价值，要近看分红，中看增值，远看上市。

人都是在现实和梦想之间徘徊的，对于一个公司来说，这三种预期一定要有，哪怕只是一个小公司，也要有三种预期，员工进了公司以后赚钱了可以分红，两三年以后分红会增值，至少五到八年后企业要能上市，预期要完备。

如果只看近期的分红，远期没法上市，可能这家公司没有继续上升的空间；如果只看远期上市的目标，没有近期的分红，未来过于遥远，激励力度就不够。钱是一个基础。中国人讲“以财聚，以义合”，用财把人聚在一起，以义把人合在一起。

股权激励本质上是企业家人性、情感、思想、人格等智慧的结晶，是领导者领导能力和经营能力结合的伟大艺术。给员工分股份越合理，企业就越强大，企业和老板的钱也就越多。企业越强大，老板可支配的钱就越多，事业就越成功。

定战略

定好梦想,接着就要制定公司的战略。所谓制定公司的战略,就是描绘公司美好的蓝图。公司不仅要有愿景,战略也要制定得很清楚。比如阐述公司的商业模式与业务流程,确定公司的核心产品,等等。

有人说战略重要,有人说目标重要。其实在任何情况下,所有的战略、策略、技术都是为目标服务的,目标决定了战略。

定目的

其实,股权激励就是抢梦想分梦想,抢未来分未来,抢市场分市场,抢对手分对手,抢节约分节约,抢内省分内省,抢决心分决心,抢潜能分潜能,最终是为了创造企业的利益共同体。也就是进行绩效激励,约束经营者的短视行为,从而留住人才,吸引人才,回报老员工,降低人力资本现金的支出。

多年来对于股权激励的目的,人们的认识往往存在以下误区:

误区一:把股权激励当作为员工谋福利

如果把实施股权激励当作为员工谋福利,是吃力不讨好的做法。

2008年,某科技有限公司在新三板挂牌。该公司有三个股东，考虑到挂牌上市后股份会有较大增值，公司CEO认为这是一个为大家谋福利、鼓舞士气的好机会，于是在改制过程中吸收近40 位员工入股，其中入股最少的只有3000多元，占公司股本总额的万分之一。公司刚刚挂牌，便有个别小股东以急需用钱为由要求企业主收购自己的股份。

根据《公司法》的规定：有限责任公司变更为股份有限公司后一年内，发起人不得转让股份。这些员工都是在改制过程中入股的，都是公司发起人，所以无法立即转让股份。企业主被逼无奈，只得先把自己的钱借给员工。

这家企业错把股权激励当成了员工的福利，提倡利益均沾，鼓励员工入股，而个别员工对股权激励缺乏认识，只图眼前利益不愿与公司长期发展。很多中小企业主对于实施股权激励的目的存在理解上的偏差，这给股权激励的实施带来了很大阻碍。提高福利可以通过工资、奖金等形式给予，而股权激励属于长期激励的一种形式，直接目的是吸引和激励优秀人才，调动其工作积极性，构建一个充满活力、忠诚、团结、奋进的核心团队，终极目的是提升企业竞争力，创造优秀业绩，实现可持续发展。

误区二：以股权激励为幌子筹集资金

股权激励作为一项长期的人才激励机制，要求实施主体拿出充分的诚信。可仍有为数不多的企业迫于资金压力,从眼前的短期目标出发,以股权激励为幌子筹集资金。这种杀鸡取卵的做法,必然会给企业带来严重的信誉危机,也会使员工对企业失去信任。

股权激励并不是使员工获得股权就了事,它是一套严格的管理制度体系。获得股权是有条件的,只有在激励对象不断完成绩效指标的情况下,才能获得相应数量的股权。

有家公司实施了股权激励。该公司的员工福利属于中上层,公司年销售额近亿元人民币。但是根据行业潜规则,大客户在建设网络时均由该公司垫资,由于工程浩大、回款期长,使得该公司账面盈利数千万元人民币,但是现金流却异常紧张,员工奖金已经在公司留存两年了,并且在银行有大量的信贷。因此,该公司急需不断充入现金,于是大股东就借股权激励之名筹集现金,最终筹到了1000多万元人民币。

其实,这家公司的举措有非法集资的嫌疑。这种股权激励完全没有激励的效果,对企业治理结构毫无益处。大股东通过该激励计划使自己的股权比例没必要地稀释,用如此低廉的“价格”出售公司股权是对公司价值的严重低估。在员工向公司变卖股权时,公司势必遭受重大损失。股权激励是长期激励,但收益不确定,如果企业主不诚信,不但不能取得激励效果,反而会适得其反。

误区三:股权激励与公司管理制度

某公司实施了股权激励。该公司生产纺织品印染剂,正处于高速增长期,由于公司成立时间不长、发展过快,目前还没有成文的绩效考核制度,甚至连岗位说明书都没有,公司管理十分混乱。老板林总单凭自己的精力已经远不能建立健全公司各方面的管理制度。为了规范公司管理,他决定实施股权激励。其初衷是实施了股权激励,激励对象就是公司的主人了,这样不用上级催促他们也会加班加点地工作,看到有谁偷懒就会主动汇报。按照林总的想法,实施了股权激励,企业就是“自由人的联合劳动场所”。可经过半年的实践,该公司不但没有实现预期的目的,反而是工资费用迅速增加,公司利润急剧下降。员工并没有因为得到股权就认为自己是公司的主人。

股权激励并不能等同于公司管理制度和绩效考核,它需要一套严格的公司管理制度和绩效考核体系做支撑。股权激励只能作为这些制度的一个重要补充,协同发挥作用。

误区四:用股权激励只为给高管带上“金手铐”

有些企业在生意好的时候不给高管股权,这样做不太好,容易让高管离心离德。有些企业是在生意不好的时候给高管股权,这样做同样也不太好,高管会觉得这时给的股权完全是为了拴住自己,对自己是一种影响。有些企业在觉得高管不错的时候,就想给股权,这样做也有些草率,看人需要看长远,有一个长期的过程,草率地觉得某个高管不错,直接就给股权,万一以后他并不如之前表现得那么好,可能就会造成很严重的后果。当然,看人一时不好,就决定不给股权也不对,需要对高管进行客观评价之后再做决定。总之,对于是否给高管股权一事,一定要慎重考虑,长期考察,因为这关系到企业后续的发展。不要以为给了股权,高管就不会离开,也不要以为,不给股权高管就一定会离开。

定目标

不只是需要制定公司总体目标,更要制定各个部门年度工作的目标,甚至被激励对象的个人工作目标也要制定。

部门目标制定时要考虑的要素包括:

独立核算(以部门或业务板块为经营单位,单独计算);

数字翔实(营业额、客户数量、订单数量、回款比例);

步步分解(年度细化至月度、部门细化至个人);

阶梯法则(完成得越多,奖励得越多);

公众承诺(如未完成,愿意接受何种惩罚)。

比如,某公司基于BSC(平衡计分卡)的一五规划如下(见图6-1,图6-2):

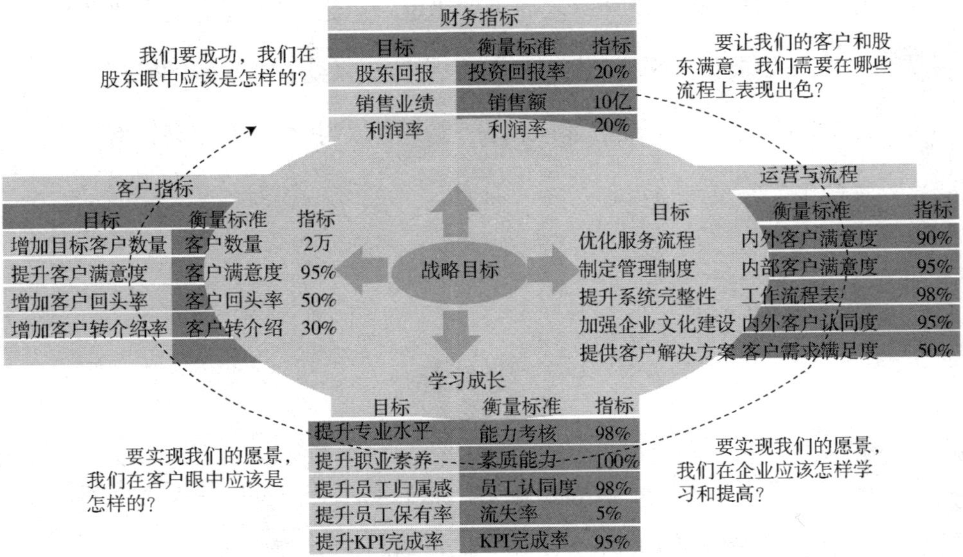

图6-1　某公司的战略目标增长策略

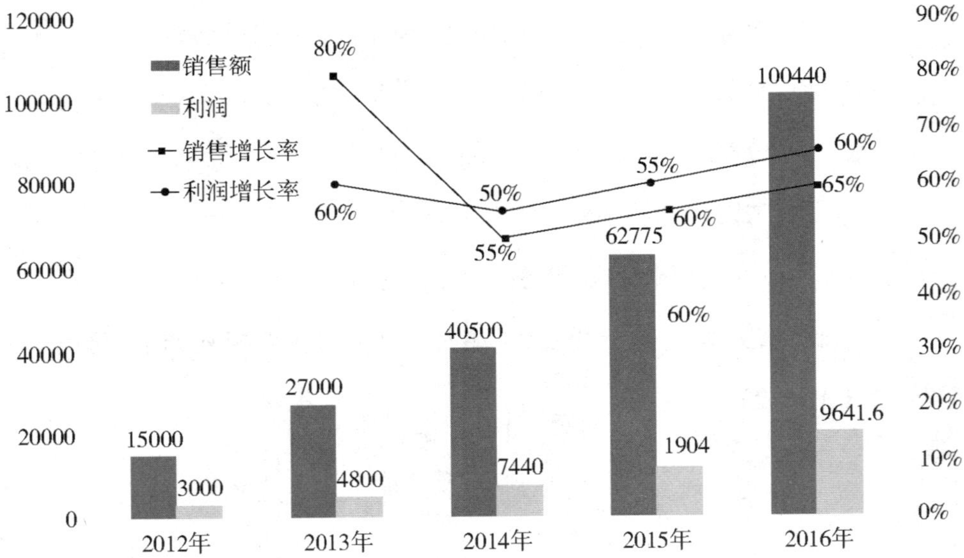

图6-2　某公司五年的销售及利润目标

定对象

我们可以根据组织架构来决定股权激励的具体岗位（见图6–3）。针对内部，可以分为：

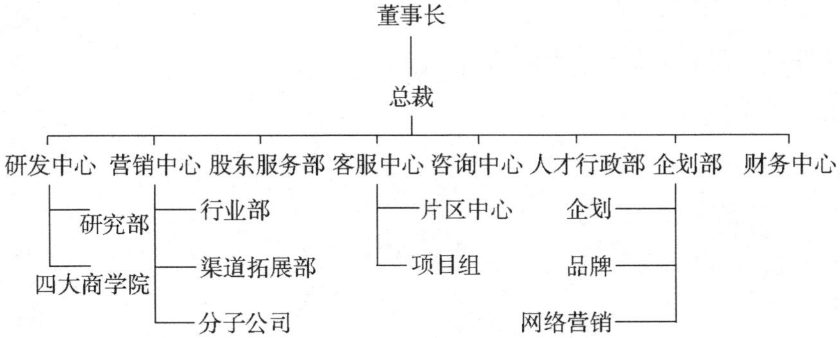

图6–3 现在的公司组织架构

核心高管（总经理、部门负责人、项目负责人）；

业务团队（销售团队、市场部门、营销中心）；

后勤支持（研发团队、客服团队、运营行政）；

种子选手（储备干部、新进精英）；

往日英雄（创业元老、功勋旧臣）。

针对外部，可以分为：

合作机构（供应商、经销商）；

投资机构（天使投资、风险投资、私募股权）；

忠实客户（重复购买、介绍新客）。

激励找对人很重要，要选择适合的人进行激励。有时候选择大于努力,会经营的不如会选择的。定对象即确定股权的授予对象,也就是激励对象。激励对象的选择通常由公司的董事会决定。进行激励之前,先要明确公司当前和未来的组织架构。

通常的激励对象有CEO操盘手、业务团队的核心管理员、非业务团队核心高级管理人员(激励名额的不同)、往日英雄、明日之星、企业上下游(真正形成竞争力的格局)、影子股东等。

定人员

定人员的三个原则是:潜在的人力资源尚未开发,工作过程的隐藏信息程度,有无专用性的人力资本积累。

对不同层面的人应该采取不同的对待方式,往往骨干层员工是股权激励计划实施的重点对象。

核心层:中流砥柱(与企业共命运、同发展,具备牺牲精神);

骨干层:红花(机会主义者,股权激励的重点);

操作层:绿叶(工作只是一份工作而已)。

孔子讲过"察其所安",一个人到公司里来,先看他的心是安在什么地方,是安在个人利益上,还是事业上,还是公司未来上?员工的心在哪里,带来的结果是完全不同的。专注于个人利益的人,对工作不会太投入;把工作当事业的人与把工作只当成工作的人对待工作的态度完全不同。在给员工进行股权激励的时候,一定要先考虑该员工是否把自己定位成公司的利益共同体。所以在进行股权激励的时候,第一个重要环节就是“察其所安”。

我们把员工分成三种:

第一种,完全看好老板的人。

看好老板的人,老板今天做包装,跟着老板;老板明天做房地产,也跟着老板;后天老板做小额信贷,他还跟着老板。这种人是看好老板的人,觉得老板能够有很大的发展,无论老板做什么都信任。这种人的股份应该放在集团公司,放在核心层面上。

第二种,部分看好老板的人。

这种人属于老板做房地产的时候看好老板做房地产;老板做机械时,看好老板做机械。但是老板要进入文化行业,觉得老板是头脑发热了,他不适合。这种看好老板做某几个具体产业的人,适合在产业公司、主体公司持股,不适合在集团公司持股。

第三种,看好自己的人。

这种人的特点是就信自己,我到你的公司来,是进入公司的平台。这种人也不是不能用,特别是在公司发展初期是需要用这种人的。这种人适合在分、子机构做小老板,因为分子机构的股份是局部的,不会牵一发而动全身。这种人适合做分公司领导人、子公司领导人。

看好个人的人在分子公司持股以后,如果将来更进一步,他看好公司了,也可以在公司层面持股,在公司和子公司多头持股。股权激励是因人而异的,要在合适的时候做合适的激励。

股份要给什么人？给梦想相同、价值观相近、目标一致、能力互补、性格互补、性别互补、资源互补、年龄落差合适的人。

最终股权应该是按岗位设计、按人给的。犹如试卷是按照年级设的，但是按照考试的结果给分的一样。

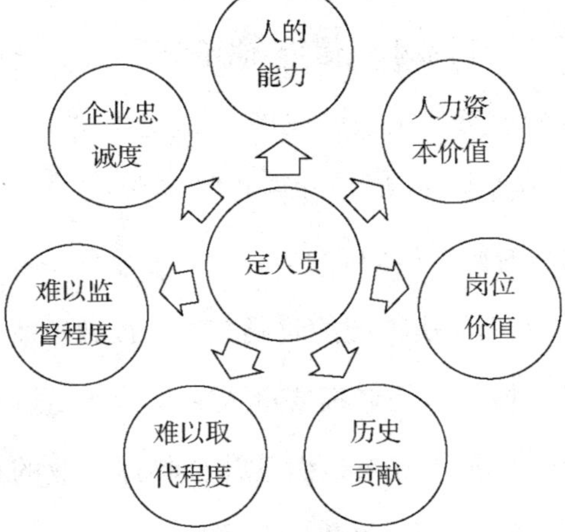

图6-4　股权激励中的定人员

定股份

你到底给他多少股份？股份是现在的还是未来的？是在法律意义上的，还是在管理意义上的？是虚拟的，还是真实的？

定股份需要根据企业的不同规模、不同发展阶段、不同激励对象、不同业态来分配。我们在不同情况下要设计不同的股份激励制度。如果是分散投资，应该设计一种期股制度；如果投资将来会有较大增值，这就是期权；特别是想要上市的公司，采用期权是最合适的。股份价值高度膨胀的企业，可以用期股进行激励；企业股份不上市，效益也很好的，最好是用利润分红的方式进行激励（见表6–1）。

表6–1 不同激励对象采取不同的激励模式

股权激励对象	股权激励模式
经营者和高管	期股、业绩股票和股票期权等
管理骨干、技术骨干	限制性股票和业绩股票等
销售负责人、销售骨干	业绩股票和延期支付等

目前股权激励方法虽然名目繁杂，但实际上常使用的方法并不多。随着法律与制度环境的不断改善，一些在国外常用的股权激励方法会越来越多地在我们的企业中找到用武之地（见表6–2）。

表6–2 不同企业采取不同的激励模式

企业所有制	股权激励模式
国有企业	经营者出资购买股权、分红权、业绩股票、技术股份等
民营企业	员工持股计划、股票期权、虚拟股票等

定股份的过程中有一些原则需要遵守，比如公开公正原则、弹性原则、动态原则等，详见图6–5。

股权激励常采用的基本模式和最终方案一定是一个组合（见表6–3）。

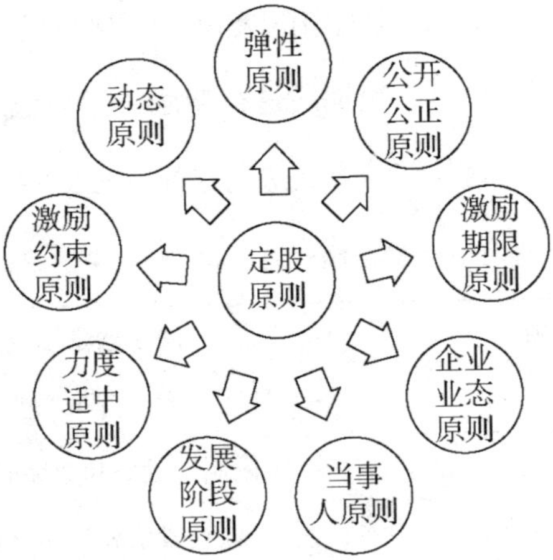

图6-5　定股原则

表6-3　组合型股权激励方案

工具	特点	激励机制、风险及约束机制
股权激励计划	参与人员需出资或部分出资获得股份。参与人员不但具有利润分配权，而且还有投票权。对于非上市公司而言，购买股份的价格可以是买卖双方认可的任何价格，但通常为每股净资产或相关的价格	·股权增值 ·参加利润分配 ·参与公司决策（投票权） ·归属感和成就感 ·卖出（转让）股份受到限制 ·股份价值下降投资人受到财务损失 ·可以同时实现激励、约束和角色转换的目的

（续表）

工具	特点	激励机制、风险及约束机制
期权激励计划	参与人员获得期权时一般需要收取适当的保证金，行权时方才按照约定价格出资，具有较强的增量激励和杠杆性的特点。若公司没有获得增值，员工放弃行权时，参与人员的保证金并不退还，形成对激励对象的约束	· 受益公司价值的增长 · 离开公司将失去继续分享公司价值的增长 · 公司价值下降，得不到收益 · 绩效考评结果不佳将影响到期权的授予和生效 · 激励的杠杆作用突出
利润收益分享计划	参与人员不需出资，拥有利润（收益）分享权，但不具有投票权。利益的获得不需要股权的退出机制	· 分享利润 · 离开公司将失去利润分配权 · 绩效考评结果不佳将影响到利润分享 · 有一定的激励效果，约束效果主要是通过与利润分享计划实现，不能达到角色转换的目的

最初老板没钱，只能给员工分希望，这种做法有力地保证了公司的稳定发展。引进风投前，为保证激励方案的科学性，要进行实股改革。此方案属于老板有钱给员工进行激励的方案（见表6–4）。

表6–4 老板有钱的激励方案

定股	均为干股（不可继承转让，离开公司失效）
定量	30% ～ 50% 的利润用于分红。在分红中50% 分给公司不持股的员工，股东分红不超过50%，任何人的分红不得超过分红总额的15%

（续表）

定价	员工不出钱即可享有此权利，价格为零
定人	入公司转正满一年者可参加
定时	每年1月1日到12月31日考核，每年春节年会前执行
定变	当时没有干股变实股的计划
定规	分红严格保密。加入人员稀释分红，提职之日起按更高一级享有分红

干股给钱，实股给希望的方案。员工出资拥有的股份原则上需要工商注册，可以继承转让，但事先可对拥有条件做严格约定（见表6–5）。

表6–5　股权激励方案举例

定量	干股分红继续保留。公司净资产2000万元，按每股1元计算共有2000万股。拿出15%～20%进行实股改革，以适应后面的引进风投和上市				
定类	均为银股，可参加公司分红总额中30%的银股分红，有条件地继承、转让				
定价	1元一股，有条件的买一送二				
定人	在公司工作转正3年以上人员均可参加，分为4级				
	级别	副总裁/总经理	部门经理		
	可购股数（万）	4	3		
	送股数（万）	8	6		

（续表）

定时	2个月内付款完成，过时不候
定变（行权条件）	A. 3年内离开公司，公司无条件原价收回股份 B. 3年后离开公司，公司无条件按3倍价格收回股份 C. 公司上市之日起，实股转成上市公司股票，公司回收条件取消 实质是未上市前人走强制收回，内部不可转让
定规	实股主要按级职定量，自愿认购，可少不可多，认购权不可转让。每人买多少严格保密

表6–6是股权激励的几种形式总结：

表6–6 股权激励的几种形式总结

工具	股份所有权		分红	增值	决策权	出资形式
实股	√	√	√	√	√	出资
期股	×	√	√	√	×	逐步出资
期权	×	√	×	√	×	固定时间出资
干股	×	×	√	×	×	不出资
增值权	×	×	×	√	×	不出资只兑现差价
虚拟股票	×	×	√	√	×	不出钱

对于成长型公司来说，股权激励一定用的是“组合拳”（见图6–6）：

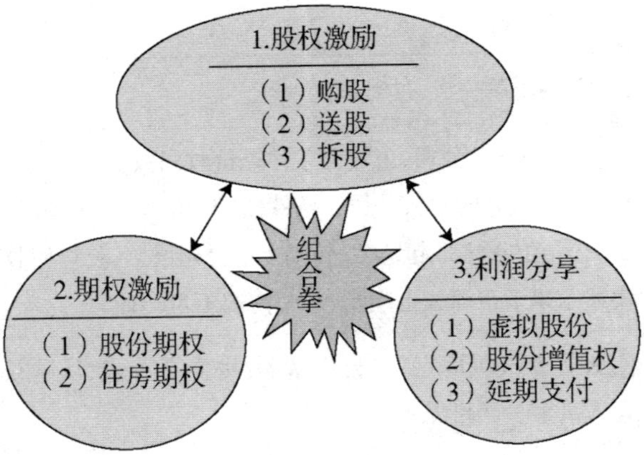

图6-6　股权激励是“组合拳”

所以在一般情况下有五种模式：

模式一，实股，直接给员工股份。

模式二，期权。

模式三，期股。期股就是期权在没有行权之前，没有补足本金，变成股东之前，可以预先分红。期股等于期权加上干股。国外是没有期股这种形式的，只有期权。这是一种特殊的模式，是预先分红型的机制。

模式四，分红股。

模式五，增值权，这也是一种比较简单的方式。

这里要着重介绍一种入股方式——技术股。所谓技术股，在法律理论上的概念是，股东用专利技术、非专利技术等作价出资入股而形成的股份。

《公司法》规定有限责任公司的股东以工业产权、非专利技术作价出资入股的金额不得超过公司注册资本的20%,政府有特别规定的除外;股份有限公司的发起人以工业产权、非专利技术作价出资入股的金额不得超过注册资本的25%。

技术股可按股权所有者细分为法人股和自然人个人股。若按技术股股权拥有的权益细分可分为所有权股、分红权股。若按技术股股份送配权限细分可分为干股、分红回填股、分红股。

一般在组建企业时设立技术股并不困难,困难的是这些技术股如何分配,才更有利于企业的发展,有利于真正调动科技人员的积极性。

在技术股的分配问题上需要重点考虑以下几个因素:确定技术股的所有者,使所有权和分红权适当分离,后续技术人员适当占有股份。在细分技术股时,最好不一次分完,要留有余地。技术股除大部分分配给创造这项技术的主要技术人员外,还应分配给在创造这项技术中起主要作用的经营和技术管理人员。在有条件时应考虑扩股和配股。分红回填股应与现金、实物出资入股相结合,保持一定的比例,以便更好地体现风险与利润共存。入股之技术归新公司所有,撤除技术应赔偿损失。

定时间

分红时间可以分为按年分红、按月分红、按季度分红、灵活分红几种。

有个公司搞股权激励，高管直接拿了一份中国社科院的报告，指出中国民营企业的平均寿命是2.9年，给股份有什么意义呢？但是三五年后的事情谁也说不准。其实，现在创业板上有很多上市公司都是成立时间10年以上的，民营企业做股权激励的环境已经好很多了。

股权激励中，在时间设计方面，既要满足公司的需要，又要照顾到员工的心理承受力。分红时间太长员工就绝望了，不努力了；当然分红时间太短，也会导致机会流失，所以时间要拿捏好。

在西方8年以上叫长期激励，4～8年叫中期激励，1～4年为短期激励。在我国中小民营企业，3年以上叫长期激励，1～3年是中期激励，1年以内叫短期激励（见表6-7）。

表6-7　不同公司的分红时间设计

阶段	分红期	限制性实股（锁定期）	注册实股
专业户个体户	1年	1年	半年
公司化	2年	2年	半年
部门化	3年	2年	半年
集团化	3年	3年	半年

如果你要用一个人，建议最少对他要考察3年以上。尤其实股股权，员工最少有3年以上的历史贡献才给，不要一进入公司就给股份。

公司向股东许诺，可以用今年公司的股票价格（如10元），购买3年后的股票若干股，3年后每一股股票的价格可能会升至25元。那么，价差的15元就是股票期权带给被激励人的收益。

期权的定时间，是说确定激励计划中的时间安排，包括：股权授予日、有效期、等待期、可行权日、禁售期（见图6–7）。

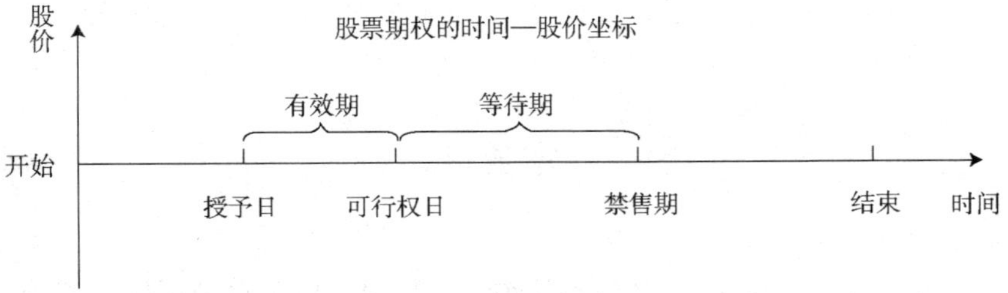

图6–7 股票期权的时间

股权授予日与获授股权首次可行权日的间隔不得少于1年，并且需要分期行权。如果选择股份期权作为激励工具，建议行权期原则上不得少于2年，行权有效期不得低于3年，有效期内匀速行权。如果属于限制性股票，则需要约定相应的限制条件：持股人员必须在公司服务满一定年限，满足条件后可以以一定价格转让所持股份，退出持股计划；该期限可以根据持股人员岗位的重要性及与公司发展的密切程度区别规定，短期可为3年、5年，长期为10年或以上。

股权激励计划的有效期自股东大会通过之日起计算，一般不超过10年。有效期满，上市公司不得依据此计划再授予任何股权。在股权激励计划有效期内，每期授予的股票期权均应设置行权限制期和行权有效期，并按设定的时间表分批行权。在股权激励计划有效期内，每期授予的限制性股票其禁售期不得低于2年。禁售期满，根据股权激励计划和业绩目标完成情况确定激励对象可解锁（转让、出售）的股票数量。解锁期不得低于3年，在解锁期内原则上采取匀速解锁办法。

定数量

总公司激励额度为10% ～ 48%，其中19% 用于总公司核心高管，9% 用于分 / 子公司核心高管，20% 用于投资机构，分 / 子公司激励额度为30% ～ 49%。

国际上通用不超过股本的10% 作为股权激励的总量。《国有控股上市公司（境内）实施股权激励试行办法》（以下简称《试行办法》）规定，用于激励的股权数额不得超过总股本的10%，个人股权总额不得超过总股本的1%。《试行办法》规定首次授予的股权激励总量不能超过总股本的1%。

《试行办法》第十五条：上市公司任何一名激励对象通过全部有效的股权激励计划获授的本公司股权，累计不得超过公司股本总额的1%，经股东大会特别决议批准的除外。

《试行办法》规定在股权激励计划有效期内，高级管理人员个人股权激励预期收益水平应控制在其薪酬总水平（含预期的期权或股权收益）的30% 以内。高级管理人员薪酬总水平应参照国有资产监督管理机构或部门的原则规定，依据上市公司绩效考核与薪酬管理办法确定。

中小企业激励总额一般在15%～20%。CEO单独激励占5%～8%（如果薪酬已经高于行业平均水平），CEO单独激励占6%～12%（如果薪酬低于行业平均水平），CEO单独激励不得低于总激励额的1/3。

公司比较规范化的，外聘CEO激励总额占5%～8%，副总激励总额占0.8%～1.3%，外聘董事激励总额占0.25%，一线主管激励总额占0.25%，普通员工激励总额占0.1%。

一般股权激励的政策是，公司的高层、中层和基层骨干员工股权激励数量，按照4∶2∶1到6∶3∶1的比例设置较为合理，对公司岗位评价结果的预算也完全支持了这一结论的合理性（见图6-8）。

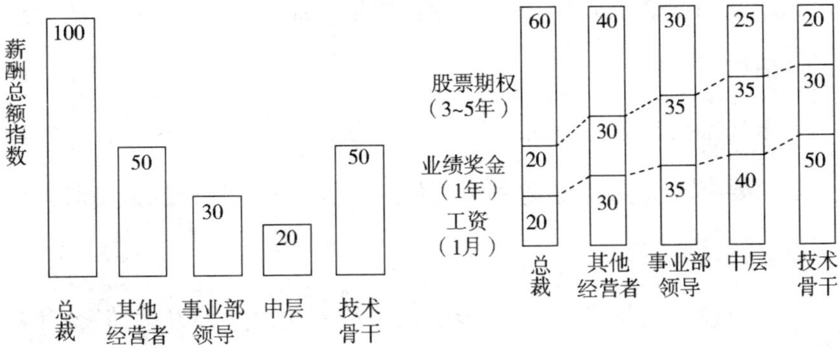

图6-8 薪酬定位和结构

定数量时要注意：被激励人数一般不超过总人数的8%。采取逐步推进方式比较好。如果你把股份一下子全给他了，他是不会珍惜的。一般要先树立几个榜样，然后用榜样带动。让少数人先富裕起来才可以带动大部分人积极努力。

定价格

在职分红股不需员工交钱，但注册股员工必须交钱。那么，股份的价格怎么计算？

实物资本的特点是一次性、变现能力比较弱；货币资本，流通性强；无形资本连续性强。一般情况下，无形资本能为企业带来的回报高达总回报的80%左右。

股权常用的估值方式有很多种，比如市场报价法、历史投入法、固定资产估值法、年利润率核算法、年销售额估值法。资产重置法及资产评估法等。

市场报价法是指让所有参与买卖的准股东报价。这种方式的特点是只要有成交，就代表你的公司值这些钱。任何投资的买卖双方都可以进行讨价还价。

历史投入法是有立场的，投资人一般喜欢用这种方法，但经营者不喜欢用这种方法。用这种方法一般对经营者不利，对投资者有利，适用于公司经营实在不好、没有话语权的时候。

用固定资产为公司估值，公司一般比较吃亏，因为公司有很多无形资产无法计算在内。这种方法要慎用，当固定资产远远大于销售额的时候，重资产型公司可能适用，轻资产、智能化的公司一般不适用。公司经营实在不好，没有话语权，以及年营业额增长速度低于25%时适用。

用年度利润来评估公司价值，一般情况下，投资者会喜欢，经营者也喜欢。这种方法能够较好地反应投资回报，反映挣钱能力。这种方式适用于一般估值在年利润8～10倍的公司。

年销售额估值，一般投资者喜欢这种方式，经营者也喜欢用这种方式估值。这种方式亦能够较好地反映投资回报、挣钱能力。年营业额增速0%～25%，一般按固定资产来估值；年营业额增速25%～50%，一般按营业额1～3倍估值；年营业额增速50%～100%，一般按照营业额3～5倍估值；年营业额增速100%以上，一般按照营业额8～10倍估值。

资产重置法是以企业现有规模为标准，假设重新投资并达到今天的规模需要多少资金。即总资产＝货币资本＋实物资本＋无形资本，或总资产＝货币资本＋实物资本＋年预期收益 ×3(3年)。

资产评估法适用于消费型股权融资评估资产。总投入/利润率＝总业绩。例：投资1000万元，1年收回成本，5年内全部折旧。即1年的资金成本是200万元，折旧成本是200万元，其他隐性成本100万元。即：1500万投资/利润率20%（纯利润）＝7500万元。

其他估值方法还有过去3年平均年利润、账户余额法（预期收益＋资产增值的期望值）、资产收益率、负债能力、商业模式、核心技术、优势团队、市场渠道、客户资源、市盈率、特许经营、年增长率等。

对成长型企业来说，在成本、收入、利润中，其实不是利润这个参数最重要，而是收入规模最重要。按照投资学的观点，利润大多数是做账的问题。成长中的中小企业销售额增长率最重要，小企业最大的特点是灵活，周转快速，大企业稳重。在行业内能迅速扩大影响力，迅速占据市场份额，是衡量一个企业价值最关键的因素。

非上市公司做期权的时候要有公司价值评估。评估方式一般就是采用销售额的增长率。在投资学上对成长型的中小企业的估值有一个指标叫作 PS（P 是股价，S 是每股的销售收入，P/S 或者用总市值除以销售额，这样算出的值叫 PS，即 Price-to-Sales，缩写为 PS）。高速成长公司的估值可以等于其销售规模的某个比例。PS 就是，一个公司的股票价格和公司市场定位、行业规模有关联，中小企业估值一般采用 PS 指标——业绩的3～5倍比较合适。

比如公司销售额1000万元，市场价值是3000万元到5000万元；公司销售额3000万元，公司的市场价值是9000万元到1.5亿元之间；高速成长公司的估值可以等于其销售额的3～5倍。

如果按照 PS 指标进行估值，公司每年的增长率不低于50%。低于50% 的增长就是公司的扩张速度不够，价值就被高估了。但如果企业发展比较缓慢，增长率只有10%～20%，这种情况下，按净资产估值就比较吃亏。但这是由于发展速度不快导致的，这时公司的资产是公司价值。也就是说，一个公司的净资产价值往往是价值的下限,对于成长中的公司来说上限就是PS,下限就是净资产价值。

净资产可以估出清算价值,公司卖了也就值这么多钱。在估值的时候就是两种方式、两个焦点:一种是按照PS,一种是按照净资产。公司在成熟期就要看它稳定的利润。

那么,留多少作为公司发展基金合适?一般情况下,小公司不要分红,中小公司分20%留80%;中型公司分30%留70%;中大型公司分40%留60%;大型公司分50%留50%。

定合同

合同里要把分股份的条件都列明白。比如:

条件一,公司整体目标必须达成;

条件二,部门年度目标必须达成;

条件三,个人目标达成;

条件四,无违纪事项或其他一票否决事项。

最好在进行股权激励之前把后续可能会引起争议的问题都事先协商好,写进合同里。这样对企业的正常发展,人员的稳定性、积极性都大有好处。

除了以上十一个方面以外,在股权激励的过程中,还有一些经常会遇到的问题，比如：

1. 每个人都说自己重要，究竟如何区分？

2. 工作性质和工作范围完全不同的职位怎么比较才算合理？

3. 同一职务级别（如各部门经理）对企业的价值都是一样的吗？

4. 有些员工虽然职位不高，但过去给企业做出很大贡献，怎么办？

5. 股份给出去了，员工不胜任或完不成目标怎么办？

其实，股权激励分配最需要解决的两大问题就是公平性和激励性。

比如针对激励对象为市场部经理、采购部经理、销售部经理、财务部经理、人力资源经理、生产部经理、信息部经理这个层次的，公司可以准备增发20万股做在职分红。同时，还可以准备将利润的10%作价200万股，作为下年度的年终奖励。

传统方法存在较多缺陷：比如在职务数量太多时难以比较；对于一些性质不同的职务难以直接比较；对于众多岗位，难以确定统一的比较标准和权重；评价结果太过笼统，缺少细化、量化的表征；一人多岗或多职，不知道以哪个为准；老板因素如何考虑……

现在一般采用海氏岗位价值评估法（又叫“指导图表—形态构成法”，是由美国工资设计专家艾德华·海于1951年研究开发出来的）。用海氏评估法得出激励额度，是对岗而不是对人，是基于其岗位在未来对公司所产生价值的激励。除此之外，还要考虑到具体岗位上的人的历史贡献，比如在公司工作2年和8年的区别，以及现阶段实际具有的素质水平（胜任力）与工作职位，比如在岗位上担任的是总经理还是副总或总监的区别。

最后，老板有调配权力，调整范围在10%以内。要注明退出机制、在职分红激励等。

CHAPTER

第七章

股权模式灵活应用

股权常用的几种形式，有的是实的，有的是虚的，问题是我们怎么灵活使用起来，这就需要看功力了。没有真正对企业进行深入了解，一般是很难灵活使用的。那么，如何才能把这么多种股权模式运用得当呢？

第一维度:不同行业股权灵活运用

首先,不同的行业其实股权的玩法是不一样的。在我心目中,至少有20个纬度,类似于假如我要给你动手术,可以通过20个纬度对你进行扫描,然后决定给你做还是不做,或者怎么个做法。实际上这完全是靠经验,靠真刀真枪的真功夫的。

行业不同,适用的股权激励模式是不一样的。比如生产加工型企业股权激励的方式第一适合分红形式,第二适用期股,因为生产加工型企业多半是重资产公司。而这种重资产公司,资产动辄上千万元,或者上亿元,要搞股权激励,最好的方法是用期股。期股能化解融资难的问题。生产加工型企业很多时候需要长线和稳定,所以用期股会比较好一些。

但服务型企业采用的股权激励方式就有所不同了。比如做美容美发行业的,最常用的就是分红里的岗位分红和绩效分红方式,当然,还可以用限制性实股的形式,期股相比而言就用得比较少了。

做互联网行业的企业股权激励方式又不一样。其实互联网行业分很多类别，互联网 + 多半都是“烧钱”公司。一般是前一两年基本挣不到钱，所以这时多半采用的是期权形式进行激励，也可以采用限制性实股进行激励，或是直接给钱进行激励，但侧重点是在期权方面。这类企业上市速度一般比较快，不管是什么公司，只要快上市了，都可以用股份期权或用股票期权的方式进行激励。

行业不一样，玩法也不一样。很多老板想自己搞股权激励，我建议还是要找专业人士去做指导，能够事半功倍。

行业不同将决定常用股权激励模式的效果是不一样的。没有最好的股权激励模式，只有最适合的股权激励模式，适合才是关键。所以行业是股权模式灵活运用的第一个纬度。

第二维度：企业治理模式统筹规划

第二个维度是企业的治理模式，企业的治理模式将决定采用什么样的股权形式（见图 7–1）。

比如企业一开始还是处于生存期。经营的关键点在市场、销售、技术，这个时候激励的重点应该是销售方面、带团队方面、技术的研发或叫技术引进方面。这些应该是激励的侧重点。因为每一个公司在不同发展阶段的主要价值点还是不一样的。

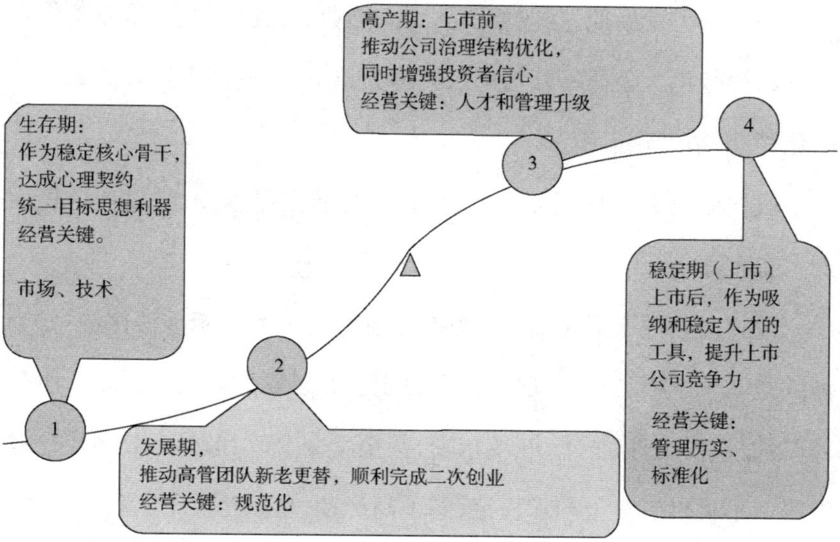

图7-1　企业治理模式不同股权形式不同

但对于一个小公司而言，最重要的工作是生存。很多职业经理人，或者是从大公司出来的人在创业初期一般会走很多弯路。因为职业经理人，特别是优秀的职业经理人其实往往是偏才。小公司训练人的方式和大公司训练人的方式是不同的。小公司一般注重的是综合能力，大公司培养出来的人往往是某个方面能力较强。因为在大公司，一个人顶多只是它的一颗小螺丝钉。所以从大公司出来的人可能有很多短板。

每个公司在不同时期的关注点是不一样的，很多公司看着混乱不堪，但是发展比较快。不过总有一天它会开始规范的，只是当它规范了，发展速度已经放慢了。这也很正常，因为公司每个发展时期的侧重点是不一样的。

公司到了发展期，一般要团队二次创业。二次创业的重点工作是要开始规范化。公司一开始都以销售为龙头，后期多半都要开始做规范化管理，精细化运作。

股权激励是一件很复杂的事，我觉得研究得越深，越发现这里面的水有多深。

股权激励并不只是简单把钱分了就算了。股权牵涉法律法规，牵涉的是一个个权利问题，股权总是分出去容易再想收回来很难。小公司要独裁、要狼性、要求快、要求变，甚至朝令夕改，但是大公司能这样做吗？不可以。大公司求稳定，到了高产期，重点是要不断吸引人才，让它上市。公司上市之后，很多股东或投资方对公司要求会更高。这时候更需要人才，管理要进一步升级，治理模式又完全不一样了。

上市之后，更需要进行规范化管理。小公司靠情感，大公司靠机制，再大的公司靠制度、靠文化、靠精神。不同发展阶段的公司的管理模式和治理模式是不一样的。不同的治理模式下，给员工的股权也是不一样的。所以一般小公司给员工的股权是一次性稀释股权，稀释得相对比较多。公司大了之后，稀释的股权就会比较小（见表7–1）。

表7–1　公司不同发展阶段的股权激励模式

公司发展阶段	股权激励模式
生存期	分红权、期股、技术入股等
发展期	员工以技术、资金、人力资本等要素入股，员工持股计划，储蓄—股票参与计划、期股等

（续表）

公司发展阶段	股权激励模式
高产期	业绩股票、员工持股计划、储蓄一股票参与计划、延期支付计划等
稳定期	业绩股票、股票期权，股票增值权、虚拟股票和延期支付计划等

第三维度：企业发展规模不同股权用法不同

在企业不同的发展阶段，企业规模不同，股权激励的玩法是不一样的。我根据企业规模做了划分：最小的企业叫作专业户，大点叫作个体户，再大点叫公司化，再大点叫作部门化，再大点叫作集团化，再大点叫产业链，再大点叫资本运作。

年营业额在40万～60万元的一般叫专业户，年营业额在200万～2000万元的一般叫个体户，年营业额在2000万～2亿元的都叫部门化，年营业额在2亿～20亿元的叫公司化，年营业额在20亿～200亿元的是集团化，年营业额在200亿～2000亿元的是产业链，年营业额在2000亿元以上的叫资本运作。

不同发展规模的企业，它们股权激励的过程、侧重点，以及采用的方式是完全不一样的。所以千万不要看别的公司怎么做，你也跟着去做，那样耽误的是你自己。因为别的公司的发展规模和你的公司很可能完全不一样（见图7–2）。

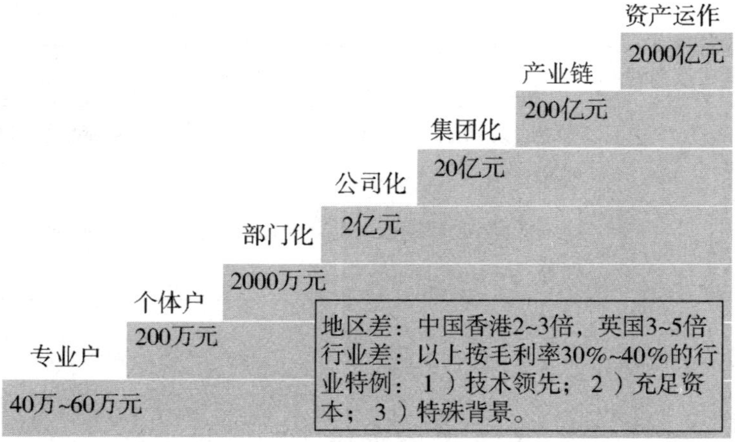

图7–2　不同规模的企业的股权激励模式不同

就像刚出生的婴儿要吃奶，长大点要吃汤，再大点吃馒头，再大点吃硬的东西，到老年的时候，又要开始吃软的东西。任何事物其实背后都有规律可循。

第四维度：市场策略对薪酬设计的制约

市场策略不同将决定我们用股权激励的模式是不一样的。比如你在深圳的项目不错，产品很棒，而且实力也非常强，对竞争对手的措施应当是“闪电战”，应该以迅雷不及掩耳之势用最快的速度把对手干掉。但是，使用“闪电战”的公司的薪酬制度、股权方式、企业文化与使用“攻坚战”的公司是不一样的（见图7–3）。

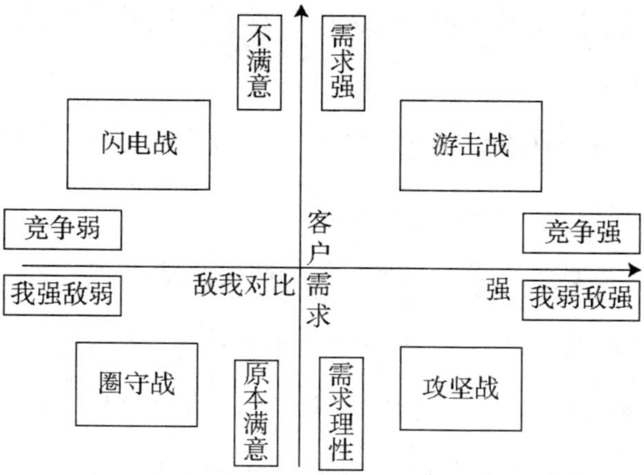

图7-3 不同市场策略的公司股权激励模式不同

如果先不谈股权，就拿薪酬制度来说，大公司和小公司的薪酬制度大有不同。比如小公司一般采用的是低底薪高提成，而大公司往往都是高底薪低提成。小公司很显然是什么都没有，不大可能做到高底薪低提成。小公司心里想着的是生存，需要狼性，需要进攻，害怕用高底薪养一帮懒惰的人。大浪淘沙，有本事的人留下来，没本事的人要用最快速度砍掉。这不是狠，是大爱。因为如果不这样做，不但会把他害了，同时也会把自己害了。大公司多半都是带有垄断性质的，如果采用低底薪高提成薪酬策略，会太具有“狼”的攻击性，可能会伤害顾客。一旦伤害顾客，会立马给竞争对手留下可乘之机。

小公司需要进攻，大公司需要圈守。同理，两者的战略方向不一样，所采用的股权激励模式也会不一样。

第五维度：销售模式对薪酬设计的要求

有的公司是效率型公司，有的公司是效能型公司。这两类公司在股权激励的时候采用的方式也是不一样的。

比如效率型公司，我建议要偏重于期权、超额分红；效能型公司，我建议偏重于期股。保险公司属于效率型公司，一般产品比较小，金额比较小，成交速度比较快，成交金额也不太大，一般为2万～3万元，最多20万～30万元。一个业务员两三天、两三个星期，最多两三个月基本可以拿下来了。这种公司的攻击性非常强，狼性更明显，可以采取分子公司的方式让员工独当一面，自负盈亏（见表7–2）。

表7–2　销售模式对薪酬设计的要求

销售模式对薪酬设计的要求				
销售模式	底薪	提成	综合奖励	考核倾向
效率型	较低	较高	较低	固化过程 求得结果
效能型	较高	较低	较高	过程创造 求得结果

效能型公司卖的产品金额比较大，一个产品动辄几百万元、上千万元。可想而知，这种产品成交速度慢，一个工期至少需要几个月，甚至半年、一年以上。并且往往需要招投标，此类公司适合用期股。

效能型和效率型两种公司的招聘、面试、培训、薪酬、股权完全不一样（见表7–3）。

表7–3 效率型和效能型公司的不同点

特征	效率型	效能型
控制	全过程	关键点
细节	固化细节	灵活性创造性
气氛	激情、感性	沉稳、理性
考核	快速、短线	长线、稳定
标榜、推崇	个人	团队
薪资	低底薪	高底薪
提成	高提成	低提成
奖金	少奖金	多奖金
文化	感性	理性
人员基础	可塑性强、单纯执行	很聪明、很社会
性别	女性多	男性多
年龄	偏小	偏大
成长	成长快	成长慢
死亡期	3~6月	6~12月

当你真正去了解公司的时候，会发现公司和你开始了解的完全不一样。就像有些老板拉着我说："臧老师，你成为我的股东吧。我给你10% 的股份，实在不行50% 的股份都给你。"我心想：你就是把你们公司100% 的股份都给了我，我也不会要的。因为我知道有些公司的项目根本就做不起来。我比较看重团队、项目、商业模式和股权架构，这

些都能决定公司的发展。

第六维度:不同业态模式股权设计

业态模式不一样股权激励的重点也差别非常大。有的公司是品牌商,如阿迪达斯和耐克。当然中国这样的企业还比较少,有的公司有自己的品牌,有的公司给别的品牌代工。有自己品牌的公司既要做生产,又要做销售。有的公司只做销售,不做生产。有的公司只做生产,不做销售。还有一些公司只做终端,不做生产。

总结起来,目前主要有四大业态模式:

1. 品牌商——研发一个品牌,研发出一个产品,通过其他渠道卖。

2. 生产制造商——只负责生产制造。

3. 渠道商——专门做渠道通路,不是最终端,是通路商。

4. 终端商——直接面对顾客。

也有些公司是很多环节合在一起的。不同的业态模式,公司股权激励的重点是不一样的,股权模式也不一样。这四种不同类型公司的差别很大,核心工作也不一样,每一个公司的价值和为下游创造的价值也不一样。如果是品牌商,有以下几个核心点:

第一,是品牌运作能力。

第二,是个人市场运作能力。

第三,是技术研发能力。

第四,是销售能力。

作为生产商而言,只做生产,公司股权激励的重点是低成本运作、精细化生产、技术升级。公司不能只是看重厂长,除了厂长之外的关键人才也需要重视起来。

作为经销商,要把股权重点放在能创造最大价值的那个人或者那个岗位上。那么,经销商最核心的人或者项目、岗位在哪里?关键就是要看招商的能力,谁拥有招商能力,对公司来讲就是核心人才。当然,招商后要培训他们,辅导他们,管理他们。招、训、辅导、管控等环节都具备的招商型公司叫经销型公司。这些是公司的业务核心点。

终端商是销售别人的产品,所以品牌就是自己公司的牌子。作为终端销售商,股权激励的对象、侧重点,要放在能带销售团队的那个人身上。因为销售型公司核心是进行销售,能带销售团队的人,自然就是激励的重点。如果这个人走了,公司的"半边天"也就没了。

品牌商、生产商、经销商和终端店面商,不同的业态模式,股权的侧重完全不一样,进行股权激励时要分外注意。

第七维度:竞争战略不同,决定股权激励不同

你的公司采用的是低成本战略、差异化战略,还是先锋聚焦战

略？不一样的战略，股权释放额度、对象和重点是不一样的。

采用低成本战略的公司，要做上量、多平台（免费），做产业链，做整合，做联盟；采用差异化战略的公司，还可以细分为基本差异化、功能差异化、心理差异化、感觉差异化；采用聚焦专注战略的公司，要做精做细，做深入。在进行股权激励的时候要具体问题具体分析。

第八维度：运营模式阶段不同，股权激励模式不同

假如一家美容院每月的营业额是10万元，开第二家店的时候，第一家店的营业额由原来的10万元降到了8万元。第二家店的营业额也是8万元，加起来一共是16万元，总的来讲还算是不错的。如果继续扩张，开到第三家店的时候，第一家店的营业额就从10万元降到8万元，第二家店的营业额从8万元降到6万元，第三家店的营业额也是6万元，加起来一共是18万元。当开到第四家店的时候，第一家店的营业额从10万元先降到8万元，后降到6万元，最后降到了4万元；第二家店的营业额也从8万元降到6万元，再降到了4万元；第三家店的营业额直接从6万元降到4万元；第四家店的营业额是4万元。所以四家店合计16万元。这家美容机构最高峰的时候两家店的营业额加起来16万元，可是，现在开了四家店了，营业额还是16万元。开到第五家店的时候，每家店的营业额只有3万元了，加起来的营业额一共

才15万元。

倒腾那么多店,比以前辛苦多了,结局却可能不如以前。原因是什么?是因为能级、实力、经营企业的水平跟不上,还不能驾驭更多的分店。很有可能是模式有问题,或者是管理有问题。其实还有一个重要的问题是原来的店只是靠位置好或行情好赚钱,实际上并没有真正把经营摸透,导致店越多漏洞越明显。

有句话说得非常好:“样板市场没做好的情况下,就不断地复制样板市场,如果样板市场漏洞大,复制样板市场漏洞就越大。”原来一家店一个漏洞你能管控,两家店两个漏洞还能勉强应付,但五家店有五个漏洞,就未必能管得了了。

开的店越多,恰恰挣钱越少。样板市场快不得,全国市场慢不得。在搞股权激励的过程中,运营的模式将决定股权的侧重点。

有时候,你可能还在打样板市场,或者连样板市场都没有打好,就开始疯狂地复制了。这时复制得越多,败得越快。因为精力跟不上了。我们一定要先把样板市场搞好再复制。运营模式不一样,后期复制的影响也不一样,所配套的股权模式也完全不一样。

第九维度:人才顶层设计不同,股权激励模式不同

公司的顶层设计、人才架构、管理模式不一样,将决定公司的股权

激励模式不一样。

有很多公司的董事长性格非常强势，但总经理的性格相对弱势。这也是一种顶层设计。肯定也有一些公司是总经理的性格非常强势，董事长性格相对偏弱势。那这两种公司的整个经营情况差别可能很大，所以，顶层设计人才搭配很关键。

如果开着车两脚踩下去都是油门，这车还能开吗？如果两脚踩下去都是刹车，这车能走吗？所以一个组织的稳定相当于身体的健康。如果组织不够稳定，身体就不健康。组织的人才怎么搭配，性格怎么搭配，都是有一定特点的。比如有些公司的类型是三个股东，一个善于营销，一个善于管理，一个善于生产，他们这样搭伙会更好一点；如果三个都负责营销，就麻烦大了。很多老板说，老师，你到我公司做股权激励吧，其实我更建议的是我们先“恋爱”一下。比如我的股权课，你可以先来学一学，书先拿去看一看。不是我一定要让你上学，而是想让你懂得一些股权激励知识。我还可以就你公司的顶层设计、人力架构等提前给你做一些指导建议，关键要告诉你应当怎么做才可能防止未来会发生的风险。

我会到公司看一下某些人的性格、个性、能力、资源，特别是看看是不是某些人有嚣张气焰。对这种人也不要说他们不好，因为他们虽然看着很轻狂，但是可能都有狂的资本。这样的人，如果用不好就会非常麻烦，但能干大事的人，往往是有些怪脾气的。

用好一般人不算是有水平，能用好“小人”才是用人高手。所谓的“小人”,就是有点个性、有点私心、有点自己的小脾气的人。这种类型的人放在什么位置上合适?能够提前规避缺点,需要提前做好顶层设计、人力架构。顶层设计不一样,人力架构不一样,高管们的性格不一样,采用的股权激励模式也不同。把高管放在什么位置,给多少股份,怎么去匹配,这就是所谓的“布局”。

老板要做的第一件事叫“分赃”,第二件事叫“布局”。布局,就是防患于未然,防止未来有什么意外事故。绝大多数公司做不大,甚至中途夭折,就是因为这些事情没解决好。找到什么样的合伙人,合伙人怎么去匹配,也相当重要。

当你的公司是小公司的时候,股权属于进攻型,管理模式是独裁式管理。因为小型公司往往老板一个人说了算。小公司可能要钱没钱,要名没名,要资源没资源,要在夹缝中求生存,就一个字“快”,以快打慢,以活打死,是灵活的。

但如果到了发展期是中型公司规模了,股权需要带有管理型股权风格,就要规范。搞股权激励的时候偏向于规范化和科学化,提前做好防范。这时候的管理风格是集中加民主,集中在前,民主在后。

当公司到了高产期——中大型公司规模,股权风格一般都是防御型。因为这时候,绝大多数老板的股份都已经被稀释得差不多了。这时候做的每一次股权改革,多半带有防御性的,为防止自己将来有什么意外。当然反过来讲,干吗到那个时候开始防御呢?一开始就做好防御岂不是更好?

最后一个时期就是成熟期，也就是大型公司规模了。这时候公司的股权形式是公众型股权模式，绝大多数老板的股份都低于30%。这时候的管理风格是民主加集中，民主在前，集中在后。

一般来讲，小公司经营管理团队的股份加起来不能低于67%，中型公司管理层的所有股份加起来不要低于50%。中大型公司的经营管理层股份不要低于34%，这是要防范、做好统筹、做好布局的。

如果这些道理你都不考虑，就贸然去做股权激励，将来一定会受到很大的伤害。

CHAPTER

第八章

股权激励方案的设计步骤

做股权激励，工作并不在股权本身。要想把股权激励做得成功，一定要把看起来很虚的东西做得非常实在。要在股权之外下功夫。

形成股权激励方案的"10+2"艺术

股权激励方案到底怎么设计,这牵涉多个方面。我们下面可以用可操作性的步骤,让大家一点一点地把股权模式设计出来。通过多个项目实践,我总结出了形成股权激励方案的"10+2"艺术。

首先,股权方案设计的过程中,一定会牵扯所谓"十定"(见图8-1)。

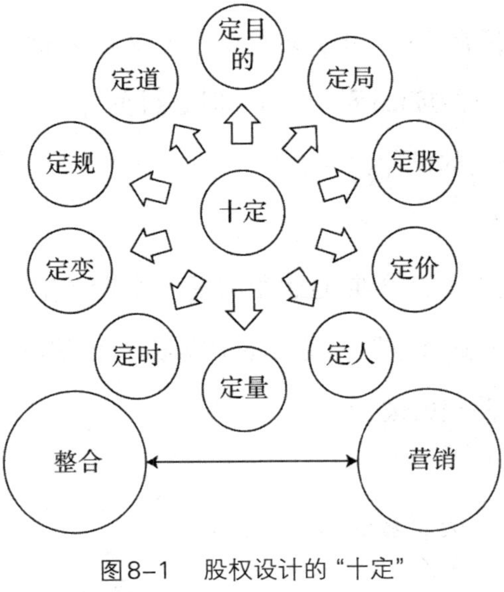

图8-1　股权设计的"十定"

第一，定目的。

搞股权激励到底想要达到什么目的？目的不同，股权的形式不一样。目的不同，股权激励的数字、要求、条件，甚至很多合同都是完全不一样的。

第二，定局。

通过股权激励把整个局给布好，保证公司将来不管是上市，还是有其他更大的投资方来投资，也动摇不了对公司的一票否决权，或者动摇不了对公司的整体经营权。

第三，定股。

定股是针对老总、副总、总监来说的，要给他们多少股份？比如有的高管可能要给实股，有的高管可能要给分红，有的高管可能给虚拟股，或期股、期权，这也很关键。

第四，定价。

定股后，接着就要定价。定价就是按照多少钱给股份。可以按照1元/股给，也可能按0.5元/股给。但是到底怎么定价，可以根据不同的对象做出不同的设计。

第五，定人。

股份分给谁不分给谁，这也很关键。要是给错了人，就麻烦大了。因为“请神容易送神难”，一旦给错了股东，自己就成了“冤大头”。如何规避这些风险很关键。

第六，定量。

定量就是具体给多少股份的问题。

第七，定时。

定时就是确定什么时候给股份。

第八，定变。

定变就是所有的股权激励一定是变动的，不能一成不变。

第九，定规。

一定要明确好相关规定。比如有人成为股东之后，突然遇到意外让他失去了工作能力，该怎么办？他昨天刚刚签合同成为正式股东，今天就出事了。他已经够惨了，你再给他除名，那岂不更惨？针对一些特殊情况的相关要求和规定，一定要提前都说清楚，不要到出现问题的时候才发现无法可依。在定规方面要做到“有法可依，执法必严，违法必究”。

第十，定道。

就是设计好步骤，定好路径。

其实，企业发展到一定规模，重点会关注两件事：一是营销，一是整合。最后一定会把股权变成营销的工具，变成一种整合的交联。因为它可以打通任何资源，打通任何人，然后整合起来。

股权设计过程中的“十定”加上这必需关注的两件事，就是形成股权激励方案的“10+2”艺术。

股权激励方案设计步骤

第一步：定使命、愿景、价值观

股权激励方案设计的第一个步骤是定使命、愿景和价值观。企业的文化价值观，很多人会觉得很空，觉得没用。这也要求我们必须结合前文提到的知识点，把它变成能在企业落地的东西。

一家公司的愿景、使命不仅要制定，还要进行细致梳理，最重要是，要把这些内容贯穿在每个高管和员工骨髓里。如果没有愿景、没有规划、没有美好的未来，员工们对公司是没有信心的，他们没有信心，还会全力以赴地工作吗？还会掏钱占你的股份吗？

陆游有句传世名句叫“如欲写诗，工夫在诗外”，意思就是说，你想写好诗词，要在诗词之外多下功夫。其实做股权鼓励，工作也并不在股权本身。要想把股权激励做得成功，一定要把看起来很虚的东西做得非常实在。甚至老板自己都要慷慨激昂，以十万分的精神痴迷于自己所从事的事业。

在做股权激励的过程中，很多老板对自己公司没底气。老板越是这样，员工也越没有信心。比如，有些讲师讲课的时候，滔滔不绝，慷慨激昂，他的激情从哪儿来？能把别人脑子洗透的人，自己的脑子已经被自己先洗了几百次了。

公司的商业计划书是给谁看的？首先是给公司自己人看的。把自己人的脑子都洗透，怎么看这个项目都觉得好，前途无量，就能去说服投资人了。

你拉一个高管过来，告诉他，你们要搞的项目是不得了的。他跟你干了十年，这样的情况已经经历太多次了。你给他讲完，他一点感觉也没有，因为他是老员工，对你实在是太了解了。如果对方是一个新人，你把你的想法给他讲一遍，他听完之后肯定会两眼放光，激动地告诉你："老大，这要是做起来可太牛了。"你说："我授权你来做怎么样？"他还高兴得不得了。我们就是需要新员工的这种状态。而什么都懂的"老油条"，往往很难成事。

什么人能当领导，什么人能当老板，关键就是一个"信"字。就拿公司到底怎么估值来说，你认为它将来能做多大，它往往就能做多大；你认为它值多少钱，它往往就能值多少钱。你是不是相信自己，这是最重要的。对自己的目标信心百倍并为之努力，就离成功不远了。

作为老板，你首先就要对自己的项目充满信心。因为愿景、使命、价值观真的是装不出来的，一定要贯穿到自己的骨髓里去，要从自己的内心向外流淌。所谓相由心生，一个真正有爱心的人，我们一看就会从内心感受得到。虽然不能以貌取人，但是往往一个人的长相猥琐，其内心也是比较纠结的。

至于具体的操作，首先公司必须有一个自我介绍，把公司的使命真真切切地好好梳理一遍，不仅要梳理好，而且要大规模地培训。培训的目的是转移员工的注意力，不要让他们老盯着股份多少，而要让他们相信，伟大的事业即将在公司产生。他们老盯着股份多少，就会纠结到底公司是给多了还是给少了。为什么会出现火烧庆功楼的情况？因为只要谈到分股份，没有哪个人会认为自己对公司的贡献小，就像没有哪个人会认为自己是坏人一样。大家都认为如果没有自己的工作，公司也不可能发展到今天。

股权激励要有血有肉，不能干巴巴的。你一直纠结到底是应该给他30万股，还是38万股，纠结于这些数字就不叫股权激励，只能叫分家。

很多人是论功行赏地搞股权激励，那更可怕。因为股权激励和股权奖励是两个完全相反的概念。但是80%的老板把股权激励都搞成了股权奖励。很多老板说，他跟我10年了，贡献很大，我不能亏待他。我要提醒一下，讲这种话的人，是在做股权奖励，根本不是股权激励。股权奖励是面向过去，而股权激励是要面向未来；股权奖励是论功行赏，股权激励是调动胃口。

第二步：设定公司各部门目标

股权是对应岗位而不是对应某个人，所以不是把股份给高管，也不是把股份给哪个有功劳的人。要先定好公司发展的战略目标，接着要敲定公司发展的新的战略规划。然后配上能完成这个战略目标和战略规划的组织架构。根据不同的组织架构，配上不同岗位人才，再根据不同的岗位人才要求，来设定不同的岗位待遇。

要实现公司战略目标,就必须有新的组织架构图,必须有新的岗位需要,必须有新的岗位配备。多少底薪、多少提成、多少奖金、多少股份都要进行规划,股份对应的是岗位。

公司组织架构图,实际上是当下的组织架构图。很多老板每天都在强调员工要忠诚,从公司标语到口号都在不断深化“忠诚”这个概念,其实这样的老板基本上都还没开窍,因为人是不可能绝对忠诚的。你教育他要忠诚的时候,你心里必须明白为什么要教育他忠诚。是因为他不够忠诚,所以要时刻教化他忠诚,但所有教化的东西和本质都是反过来的。

就比如我们要授权一个高管,一般情况下,是当这个高管具备了能力再授权,还是不具备能力的时候就授权呢?正常情况下,估计都会是他具备了这个能力之后再授权。但是当他具备这个能力的时候,你再授权,他会珍惜吗?对他有挑战吗?他会感恩你的栽培吗?

所以,很多时候授权恰恰是反向的。企业无人才,小材大用是逼他成长,不是等他具备能力之后再授权,而是还不太具备能力的时候,就要开始授权。这样他肯定会觉得有挑战、有压力。因为他不太具备这个能力,所以他成长速度快,也更懂得感恩,珍惜机会,同时,与公司的黏性也肯定会更强。

同样,公司是等规模发展壮大之后再设一个副总,还是先设个副总,之后公司比较容易做大?相信也是要先设个副总,公司比较容易做大。可惜,很多公司都是等发展壮大了才会设一个副总。

所以你也可以想一下，是公司做大了再搞股权激励，还是现在就搞股权激励？

实际上，老板思维和传统思维是反向的，老板要懂得用别人的时间、别人的智慧、别人的金钱来为自己的发展服务。如果老板总是用自己的时间、自己的智慧，不但很累，还不见得效果好。

曾子有句话说得好，“用友者霸，用师者王，用徒者亡”。借助你的朋友，就往往能够成就霸业；借助你的师傅，能够成为王者；如果你用的都是比你差的人，基本上你也很难有大的发展。实际上，绝大多数老板都喜欢找自己能掌控的人。为什么很多生意做得大的老板往往学历很低呢？那是因为他们用人的思路是“我找来的人，一定要比我强”。有些做不大的企业老板用人的时候，恰好是觉得自己什么都懂，用人的时候要好好考察，时刻关注员工做得对不对，这往往会影响员工的发挥，造成员工束手束脚，甚至会因为有些员工迎合老板的考察意图，企业发展受阻。

一定要把公司的战略目标非常清晰地落实到每一个部门。把战略目标、方针、方向都搞清楚，每个部门都要有严格的分解指标。无论是市场部、销售部、客服部、采购部，还是后勤支持部门，每个部门的目标、绩效考核方式、KPI 指标都要制定好。

第三步：掌握股权激励的目的及模式

把组织架构图画好了，整个公司的目标、要求、考核也都定下来了，就要考虑岗位上需要配什么股，员工怎样才能够拿到股份，适合用哪种模式进行股权激励。

是用期权，还是用期股？是用虚拟股，还是用账面价值增值？是用在职分红，还是用岗位分红或者绩效分红？这些问题都需要考虑到。具体用哪一种模式，实际上效果会完全不一样。目的不同，选择的股权激励模式不一样。

目的1：提高业绩

提高业绩，重点应该在激励上下功夫（见图8-2）。

如果是为了提高业绩，首选的通常是超额激励和分红。很多企业也采用业绩股份和期权来刺激业绩增长。

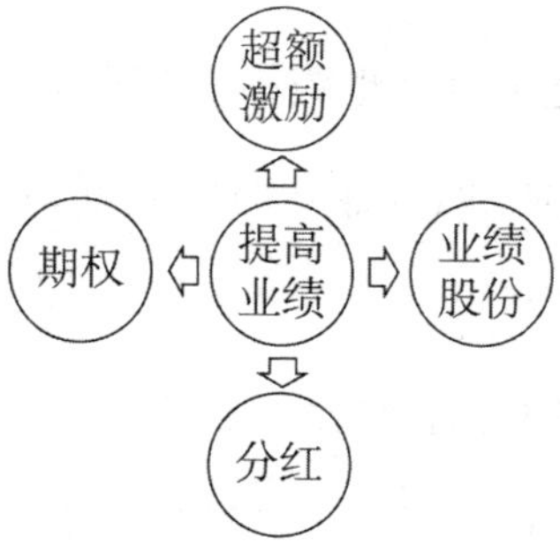

图8-2 以提高业绩为目的

目的2：安抚和回报老员工

安抚和回报老员工，重点应该在稳定上下功夫（见图8-3）。

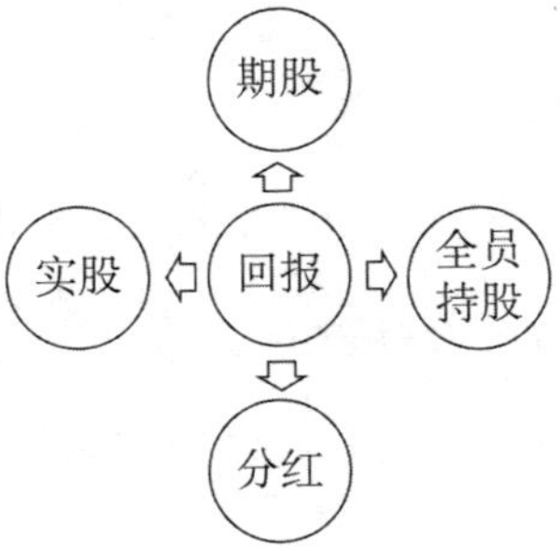

图8-3　以回报为目的

如果搞股权激励是为了安抚老员工，通常采用的是期股，期股的最大特性就是稳定人心。

当二次创业的时候，有很多主管、经理或总监，虽然已经跟老板一起打拼多年，但是他们确实已经跟不上公司新的节奏了。很多高管或者管理人员认为，老板自己也跟不上节奏了。其实这是一个误区，老板往往是成长最快的，因为老板时常要面对风云变幻的市场外部压力。

为什么我在讲课的同时，也没有放弃过经营公司？虽然很多时候我是有些累，但是我想在经营公司的过程中找到当企业家的感觉。我真正体验到了企业家的感觉后，和老板们讲课、沟通、交流对接的感觉就完全不一样了。因为知道和体会到完全是两码事。为什么你怎么学，到实际操作时还是很难落地？就是因为你是在听知识，而不是在实践，这两种感觉完全不一样。就像安抚这些老员工，我们明明知道他们已经跟不上公司发展的节奏了，还是要给他们分配股份，因为理论和实际操作往往有距离。

安抚老员工的时候，期股是最好的模式。有一些老员工也许真的不适应公司目前的发展，只是如果你真的把他给辞退了，会显得公司没有人情味，让很多新人心寒，担忧自己的未来。

对这些老员工，很多时候的股权分配是做给后来人看的。不管要付出多少，咬牙该给的还是要给。你要回想当年，没有他们就没有公司的现在。

所以安抚老员工，首选采用期股，接着依次可以采用全员持股、分红、实股。能给实股当然是最好，只是实股的风险会比较大一些。

目的3：降人力成本现金压力

降低人力成本的现金压力，重点应在替代上下工夫（见图8-4）。

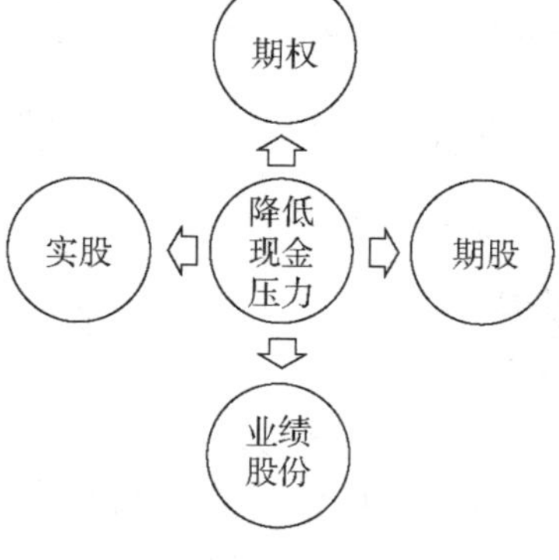

图8-4 以降低现金压力为目的

很多公司可能暂时有现金压力，如果想要降低人力成本，最好的方法其实是期权。其他依次可以使用期股、业绩股份和实股。

目的4：吸引并留住人才

为了吸引或留住人才，重点应在未来上下功夫（见图8-5）。

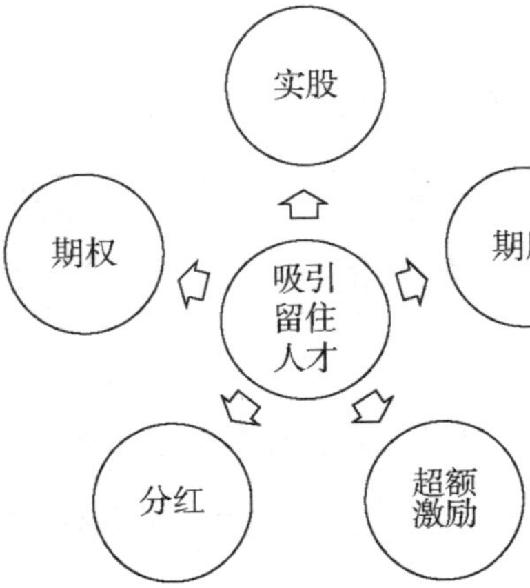

图8-5　以留住人才为目的

首先，给实股最能吸引人才，但是实股的风险比较大，所以一般采取限制性实股比较好。

其次，期股也是稳定人心留住人才的一个很好的股权模式。

再次，可以采用超额激励和分红。

最后，可以采取期权的形式。

目的5：股权释“兵权”

有时候，高管待在那个位置上，实在是没有价值了。如果把他直接拿下来，他很可能会很伤心，因为他做了这么多年，没有功劳也有苦劳。针对这类人，可以采取的最合适的方法就是通过给实股、期股，用永久性的头衔、一些优厚的待遇，以及用分红、期权的方式让他们让出权力。

其实这些是需要按顺序来的，首先是实股，其次是期股，让高管从管理位置上下来，要杯酒释“兵权”，一定要给他实股，最差也要给期股（见图8–6）。

图8–6 以收回职位为目的

那么，如何确定股权激励的目的呢？我认为对于不同发展阶段、不同需求的企业，确定股权激励的目的要把握以下几条原则和策略（见图8–7）：

1. 因地制宜，符合企业发展的目的。

2. 切合目前企业的发展阶段。

3. 关注未来。

4. 预留升级空间。

5. 针对症结，有的放矢。

6. 有主有次，不能面面俱到。

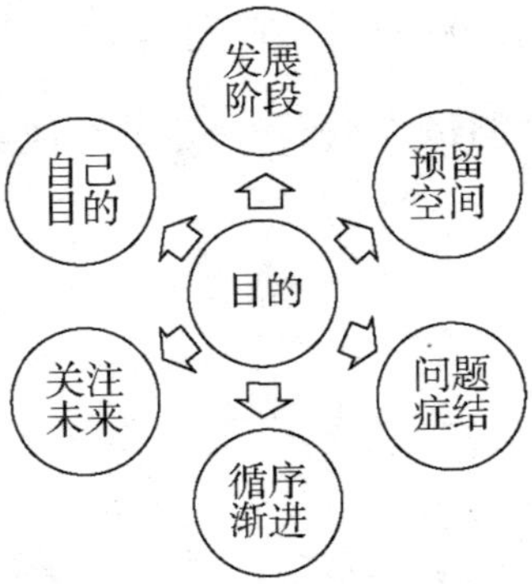

图8-7　确定股权激励目的的原则

第四步：确定股权激励对象

股权给谁不给谁，仿佛这话题又回到了是把股份给人还是给岗的问题。面对这个问题，先要把公司的组织架构图画出来。当然，我们前面也提到过，组织架构图是要画给未来的。画出未来的组织架构图之后，再根据未来的战略目标，制定未来岗位需求，然后设置岗位的要求，以及设置岗位的人员配比。

有的人虽然人在这个岗位上，但是他可能不配拥有股份。这时候，股份仿佛又是对人的了。那么到底给什么人，不给什么人？其实前面也提到了。第一，要给梦想相同的人；第二，要给与自己的梦想、价值观、目标、技能、资源、年龄、性别能互补的人。

试想，如果《西游记》里没有猪八戒，还能看得下去吗？如果一直都是孙悟空打打杀杀，那么《西游记》我们看着也没多大意思了，就是因为有猪八戒调皮捣蛋整个故事才好玩。

任何一个组织和团队的调剂品都很重要。一窝都是男的,天天都在斗;一窝都是女的,天天都在掐。其实有男有女是最好的,我们常说"男女搭配,干活不累"。其实也累,之所以会积极干活,就是想让旁边的个人都看到自己有多厉害。所以无论是股东会,还是董事会,一定要有异性存在。

除了男女搭配之外,年龄也要有落差。有这样一种现象,经常是一个100分的"大哥",带着两个99分的"大哥",带着三个98分的"大哥",这几个人都是精英,但就是因为都是精英,结果经常什么事情也做不成。往往是一个不及格的50分的"大哥",带着两个30分的"二哥",带着三个15分的"三哥",再带着一伙七八分的"小弟",就能干出惊天动地的事情。国人的骨子里往往有"文人相轻"的观念,往往是谁也看不起谁。特别是做销售的人,你要是没有比他高出三分之一的水平,他根本不会把你放在眼里。

团队班子的稳定相当于人的身体,班子不稳定,等于身体不健康,风险随时会发生。

对所有股东来讲,重要的是要找到一个对的人。股份是对岗位的,最终还是要某个人拿到手里。所以拿到股份的那个人要如何选择呢?有一种说法,叫"外姓不如同姓,同姓不如同族,同族不如师生,师生不如同学,同学不如同根,同根不如夫妻,夫妻不如'类夫妻'"。

做得比较成功的一些团队恰恰都符合这些要求。比如华为的掌门人任正非是男的,但是董事长孙亚芳是女的,一男一女搭配得很好,几十年如一日；海尔的张瑞敏是男的，他的助手杨绵绵是女的，搭配得很好，合作了几十年；格力的董明珠是女的，朱洪江是男的，也是配合了十几年。

虽然夫妻一起打拼是很好的，但有些时候夫妻要真正翻起脸来也很吓人，可能工作的时候会出现完全失控的状态。当然成为股东，还需要有很多附加条件。这些都需要老板自己去设计。比如认可公司价值观，必须在公司服务多少年，为公司创造多少价值等标准。总之一句话，就是必须要设计出明确的要求。

第五步：设定分子公司股份额度

这个步骤也就是定量，要定以下几点：

第一，定目的。

第二，定局。

第三，定对象。

股权是因岗而设，因为人的绩效而获得。把组织架构图画完后，要给多少股份比较合适呢？一般来讲，总公司每次释放的股权控制在10% ~ 48%，实际上，这是最大上限。小公司可以一次性释放10%、15%、20%；如果是中型公司，每次股权稀释应当控制在10%之内；如果是大型公司，每次股权稀释应当控制在5%以内；如果是特大型公司，股权稀释应当控制在2% ~ 3%，因为发展的不同阶段公司总值不一样。

另外，股权稀释比例非常大，程序也非常麻烦。特别对于大公司而言，要动的刀子就会很多。当然，如果作为分子公司，股权稀释可以相对放宽一点。对于分子公司而言，每次稀释的股权可以是30% ～ 49%。比如对于下属的加盟店、连锁店等，可以把股权释放比例大一点。

其实更大胆一点的做法是，可以控股这家公司占51% 股份，但在分利润的时候，可以把70% 的盈利都分出去。因为如果没有足够的诱惑力，员工是不一定愿意跟你干的。控股51%，就是为了合并账表，为了有经营的否决权，但是要把好处分出去。因为股权里面有几层权利：第一层是收益权，第二层是经营管理权，第三层是所有权。

可以先不释放所有权，先释放收益权，再释放经营管理权，最后释放所有权。定量其实牵扯到的东西非常多，除了给分子公司股权外，可能还要给一些高管和新来的人及未来加入公司的人股份，这些需要提前做好布局。

第六步：统筹

这个步骤我们专门来介绍定局，至少你了解以后可能就会少犯很多明显的错误。股权激励做到最后，能有几种情况（见图8–8）：

第一种情况：股散人也散，这是最悲哀的。

第二种情况：股散了，人心很齐，这算是不错的。

第三种情况：股权没有打散，还是掌控在老板身上，最后是“股控人散”，这是最正常的现象。

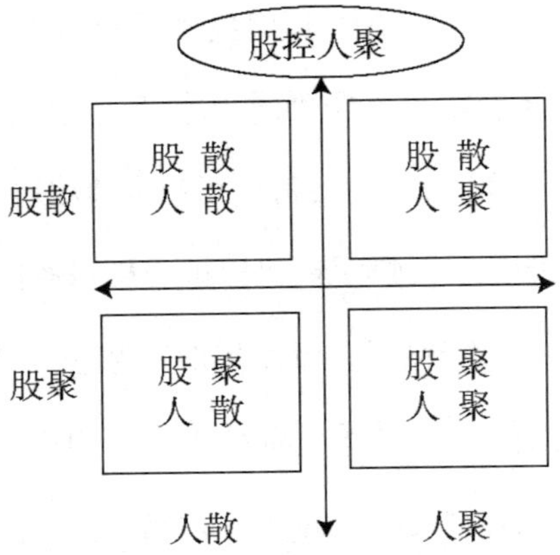

图8–8　股权激励的四种结局

第四种情况：股控人聚，就是股权我独裁，但是大家还都认可我。

最后这种情况，一般人很难做到。这四种结局都不是我们要的，我们要追求的是“股散、人聚、神控”。因为国人往往比较习惯于有一个稍微强权一点的旨意。轻易不要让自然人在主体公司出现，准确地讲，就是要把所有股东尽量打包放在不同的公司里。主体公司没有自然人，都是企业法人。员工都作为股东，就一定会受到《公司法》及相关章程的约定。

另外，在搞股权激励的过程中，要布局成这样的结构：即一个控制人，两个法人，三个层面，五个去处。一个控制人，就是控股公司。两个法人，一个是控股公司法人，一个是持股公司的法人。三个层面，一个是控股和持股公司，一个是主体公司，一个是项目及分子公司。这样做的目的，就是让所有股东有一个合理的分配。

我建议：千万不要把所有股东都放在一个公司里，所有股东都在一个公司，就势必把这个公司的股权稀释了。

有次在浙江大学讲课，有个老板跟我说："老师，我的项目不错，你看咱们要不要合作？"我说："你说说你的股权结构。"他说："我自己占35%，我的朋友占25%，剩下还有两个人，一个是25%，一个是15%。而占25%的朋友，因为工作关系他的股份要找别人代持。他和我虽然都是创业股东，但是现在我们的关系不算是非常好，所以他很可能会把25%的股份，甩给那个占股25%的人。"这样，那个人原来25%的股份再加上这25%的股份，就变成50%的股份了，我这个创始股东的股份就低于他了。如果再稀释，那我的占比已经不足1/3了。他的股权稀释之后仍然大于1/3，他反倒成为这公司的大股东。遇到这样的情况怎么办？"

其实，即使你只有1%的股份，也可以牢牢掌控住这家公司，具体方式有很多种，这就叫布局，把局要布好了，占的股份是多少都可以。

比如你可以先和那个占15%的股东联合起来，或者找那个占股25%的人合并，只要你们几个人成立一家控股公司，就可以保住你的位置。当然你必须要明白，控股公司和持股公司可能会增加相关税收。但是为了掌控这家公司的未来和长久发展，为了公司安定团结稳定，为了不失去掌控权，不要出现权力真空，其实多缴一点税也是可以接受的。

具体怎么去掌控公司？大家可以看看图8-9。

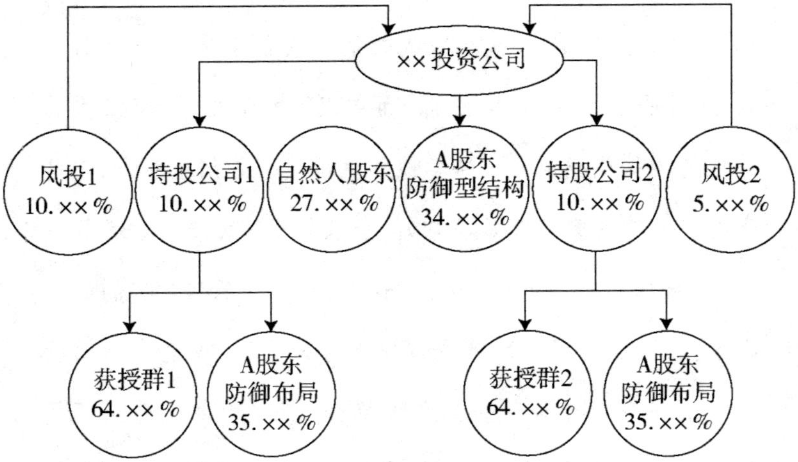

图8-9 ××公司的股权占比

图中A股东占34%左右的股份，风投1占10%左右股份，持股公司1占10%左右股份，自然人股东占27%左右股份，持股公司2占10%左右股份，风投2占5%左右股份。把主体公司的股份大概一算，就能看出它的结局。只要有风投进来，A股东的股份势必要同比稀释。

如果A股东收购了一家公司，把那家公司的高管打包成一个持股公司1，占6.4%，A股东可以把自己的股份拿出来3.6%，放到这个持股公司里。在这个持股公司里面，A股东占股3.6%，总共是总投资公司的10%，这样A股东就有了一票否决权。在这个持股公司里，重大事件A股东就可以行使否决权，这个公司还是A股东掌控。虽然只有

3.6% 股份，实际上他却牢牢驾驭了 10% 的股份。

公司上市之后，高管也搞一个持股公司，也是占6.4% 的股份，A 股东可以把自己的股份再拿出3.6% 放进来，总共是总投资公司的10%，A 股东的占比也超过1/3，也就有了在这个持股公司里的一票否决权。依此类推。虽然 A 股东在持股公司1 占股3.6%，持股公司2 占股3.6%，合起来占比7.2%，他却掌控了20% 的股份。

A 股东的股份是3.6%+3.6%+34%=41.2%，通过这样一组合之后，总投资公司里34% 的股份是他的，还有两个持股公司在重大事项的时候都要听他的。他的掌控比例是10%+10%+34%=54%，实际上他占股41. 2% 的时候，却可以掌控54% 以上的股份。如果再做其他一些相关调整，加上分子公司股份，再配上公司章程，以及其他方面的规定，至少可以有很多方法让他很轻松地牢牢掌控公司。

当然我们不是为了掌控而掌控，掌控的目的，是为了以后可以自由选择。如果该掌控的时候不掌控，等到想掌控的时候再去掌控就比较难了。掌控并不是为了自己，我们讲“心怀佛祖心，必行帝王术；心有菩萨心，手中要滴血”。

我们把公司掌控在手里，是为了对公司负责任，为了用心爱着公司的这帮人。当然将来如果有人比我们更有能力，比我们更有爱心，我们可以把这个控制权让给他。开始不做布局，等到失去控制权的时候想再来争取就很难了。

CHAPTER

第九章

股权治理

在释放股权的时候，最难的不是释放给谁，也不是释放多少的问题，而是释放的进度和速度怎么把控。这个节奏感如果把握得不准，就非常容易适得其反。

实施股权激励同时保持控制权

股权治理和前文讲的布局有点类似,这里面有几个要点需要注意。

第一,股权释放的节奏一定要把控得很好。因为我们在释放股权的时候,最难的不是释放给谁,也不是释放多少的问题,而是释放的进度和速度怎么把控。这个节奏感如果把握得不准,就非常容易适得其反。老板最难的不是不知道做什么事情,而是不知道什么时候该做什么事,做到什么程度。

第二,很多老板在做股权激励的时候很感性。我要提醒一下,在股权治理的环节,千万不要太感性。比如很多公司都是两个股东合作,股份占比各是50%。这种现象将来可能会出事。企业规模小的时候没事,企业一做大一定会出事。

有次我到新疆讲课经过乌鲁木齐机场。那里有个老板很厉害,在乌鲁木齐机场三个航站楼有二十多个土特总汇店，还有十多家火锅店、好几个酒店。她们姐妹三人一起做的这么大的生意。这个老板请我吃饭，让我帮她看看股权、商业模式应该怎么调整。

通过了解，我发现她要解决的根本不是股权问题，也不是商业模式问题，而是股权治理顶层架构问题。她们姐妹三人，真正负责经营的是大姐，老二不参与经营，老三有空才帮忙，三个人各占1/3股份。

我吃了她的火锅觉得确实很好吃。交流过程中，她告诉我火锅是好吃，但现在火锅店不挣钱了。我明白了，她根本不算是企业家，只是个生意人。生意好的时候挣钱，生意不好的时候就不挣钱了。她们公司最需要做的不是营销，也不是商业模式，而是要把责、权、利分清楚。

她本来是想向我咨询商业模式、营销方面的问题。我说："这些东西你都不要问我了，你们的根本问题是到底谁说了算，到底谁对经营结果负责任，到底谁是投资人，谁是经营者，谁是决策者，谁是责任者？退一万步，公司要是亏了谁赔钱？这些没搞明白，一切都是瞎扯。"

最后我说："现在不要谈商业模式，我建议你们赶紧成立一个控股公司。"姐妹三人正好做了三个行业，一个酒店，一个火锅店，一个机场的土特总汇店。谁喜欢火锅店，谁就主抓火锅店生意；谁喜欢土特产店，谁就主抓土特产经营；

谁喜欢酒店，谁就主抓酒店经营。她们成立一个控股公司，由大姐总体控股，其他两个姐妹参股，选大姐为大股东，用这个控股公司再分别控股三个公司。

比如老三喜欢火锅店，就让老三负责做火锅生意，控持股公司50%的股份，老三可以拿到火锅店30%甚至49%的股权，全权负责做火锅生意；老二喜欢土特产经营，那就用控股公司控股土特产经营公司50%的股份；老大喜欢酒店，就让老大做酒店经营，她控股这三家公司同时主抓酒店生意。她们三姐妹兴奋地说："老师你一下子点醒了我们。"

第三，一定要有预留空间，小公司控股股权要控制在67%以上。

控制好股权治理中的九条线

第一条线，占股67%的线叫完全控股线。增减资产、修改章程，公司合并、成立解散，都是占股67%以上的人说了算。

第二条线，占股50%的线叫绝对控制线，当然占股51%也是可以的。一般公司的事项分为两种：一种是重大事项，一种是一般事项。一般事项都是由占股50%以上这个绝对控制线说了算。

第三条线，占股34%的线叫否决性控制线，也叫相对性控制线。

在重大事件发生的时候，有一票否决权，把控住这条线，基本上公司大事小事还是你说了算。比如董事会的决策，你可以不同意。

第四条线，占股30%的这条线叫邀约收购线，如果要收购上市公司30%以上股份，必须向所有股东发出收购邀请，看有没有人愿意卖给你。

第五条线，占股20%这条线，是界定同业竞争权利的线。如果有上市公司收购你20%的股权，合并你的报表，你的公司就不能上市了。上市公司投资别人的公司，往往就两种方式：一种战略性投资，一种风险投资。战略性投资很多时候就是为了把你灭掉。很多公司在收购其他公司的时候，股份往往在17%～20%，你稍有变动，其股份就可能会超过这个数字，对你就会有很大影响。

第六条线，占股10%的这条线，是防止恶性收购线。这条线是特别针对有限责任公司来说的，拥有这条线可以提出质疑、调查、起诉、解散公司。比如你公司的一个核心技术人员掌握了公司的核心机密，他如果对自己的所得产生质疑，可以到法院起诉你，并解散公司。他掌握了公司核心机密，完全可以重新创业。有限责任公司是人和性公司，以人和为条件，如果你存在欺骗他的事实，这就说明人和的前提已经破坏了。

第七条线，占股5%的这条线叫重大股东变动警示线，一般公司在上市之前，如果股东有5%的股份变动会对上市有很大的影响。

第八条线，占股3%的这条线叫临时提案权线，就是很多小股东如果累加起来股份超过3%，在召开股东会的时候就可以随时提出议案。

第九条线，占股1%的这条线，叫代位诉权线，拥有派生诉讼权，可以间接调查起诉，申请开股东会、董事会时，提议监事会或董事会调查。

这几条线对企业来讲是非常重要的，在进行股权激励、股权稀释的时候，要切记这些线，以此为参考。

通过股权解决元老退出及新老平衡

不上进的人的股份退出方式

注意一下自己的公司有没有股东退出机制，以及怎么退出。一般在退出之前，合同上一定要把这些内容写清楚，要防止将来有意外。特别是股东里如果有不上进的人，一定要注意了。

有很多股东根本不上进。或者是有些高管不是股东的时候还很优秀，一旦成为股东就不上进了。如果股东不上进了，我们该怎么办？我们都知道股权的本质是奉献、忠于、无形、共梦、共担、共赢，这些都是虚的、无形的，股权的本质也是无形的。所以一定要在合同上把退出机制写清楚。如果股东不上进到了规定的量化标准，就必须走人。要么净身出户，要么必须拿出钱才可能保住他的股份。

柳州有个老板，感觉公司里有个小伙子还不错，于是就按1元/股给了他100万股公司股份，很快，他们公司的股价涨到很高。没多久，他觉得这个小伙子和想象的差得太远了，很不满意，要把这个人辞掉。

小伙子问他："这100万股的股份怎么办？"他说："股份我当然要收回来。我给你的时候是1元/股，那时我是按照优惠价给你的。现在还是要按1元/股这个优惠价还给我。"小伙子听了马上不高兴了，"那不是开玩笑吗，我这100万给了你，就是放在银行拿利息，半年过去了也要赚点钱嘛。"老板说："那你觉得多少钱合适？"小伙子说："现在至少要5元/股。"老板说："你开玩笑吧，我1元/股卖给你的，半年你就涨到5元/股？"小伙子说："老板，你对自己的公司没有信心吗？"

这句话把老板说蒙了，老板说："我自己的公司，当然有信心了。"小伙子说："现在公司的股价已经涨到8～9元/股了，我要5元/股高吗？"当时没谈妥，后来托了中间人，花了好大的工夫，老板以3元/股的价格收回来，这一进一出，老板直接赔了200万元。

这还不是最主要的，最主要是所有手续办完之后，他的公司果真上市了。在临上市之前，小伙子又来了，说："你不要忘了，当年我到公司花了100万元买股份，是代表我的家庭买的，我后来走的时候把股份卖给你了，那是我家里的财产，还有另外一个股东是我老婆，我把我家里的财产卖给你，我老婆没签字啊。"老板说："我管你签字不签字，反正都你家的事，你们自己协商。""对不起，这是不合法的。"老板说：

“反正手续都办完了，公证书公证过了。”“那不行，咱们法院见。”

结果老板不服气，小伙子也不服气，两人真的法院见了。事实证明那小伙子是对的。尽管他的做法不合理，但是他合法。最后小伙子的诉求是：“只要我老婆的那50%，就是50万股。”因为他想到一旦上市，股价会翻十几倍、几十倍。如果翻10倍呢，那50万股立马就是500万元了，翻100倍就5000万元了。

这个案例，目的是让大家记住，合同上必须标明退出机制。

丧失工作能力的人的股份退出方式

除了失去工作积极性之外，还有一些人是失去了工作能力，遇到这样的情况该怎么办呢？下面是我的一些建议：

如果一个高管成为核心股东之后没多久，就失去了工作能力，我建议采取的方式是，他的股份可以在一定年限内稀释掉。

不增值的人的股份退出方式

如果有个股东是以技术入股或用资源入股的，但是这些资源或技术后来已经没太大价值了怎么办？如果你看上某个人的专利，防止这个专利和你想的有差距，需要在让他入股之时签好退股协议。

就像在结婚的时候要先签好婚前财产公证书，对于公司来讲，绩效考核、KPI 要规定得非常清晰明确。亲兄弟明算账，很多东西一定要提前说清楚，否则到后期退股就非常麻烦了。往往很多时候是进来容易退出难。

中途莫名其妙退股的方式

中途莫名其妙地退股的情况也有。比如说好几个人一起做一件事情，结果其中有人干了三五个月就发现苗头不对了，马上想到的就是撤股。这个时候，我们该怎么办？我们要在一开始时候就说好，要么不做，要做就要同进同退。想中途无缘无故地退出，不好意思，当初已经歃血为盟说好了同进同退，你中途退股是不行的。而且一旦有一个人中途退股，其他人也会有退的想法。这样，后续就麻烦大了。

所以提前就定好，是做一年，还是两年。谁要莫名其妙在半年时间就提出退出，退可以，但是要净身出户，分文全无，用1元钱象征性地把他的股份购买过来。

违反规定的人的退股机制

对于违反规定的人，也要做一些相关明确的规定。比如主动出卖公司的机密、出卖公司的客户、挖公司的人、搞小帮派、搞小团伙有什么惩罚，也都要必须明确。

不能独当一面的人的退股机制

对于不能独当一面的人，假如这个人在某个岗位有10% 的股份，通过3年考核也确实合格了，可能过了两三年之后，他真的不适合这个岗位了，那他的股份怎么办？最好能说清楚。比如股东会或董事会，有2/3的人认为他不太合格，通过投票可以决定用几年时间收回他的股份，或者保留多少股份。这些都要提前写清楚。

发生意外事件的退股机制

发生意外事件怎么办？我的建议是发生意外也要按规定执行。最后这几条，可能很多老板看后觉得有点冒冷汗，说我太残忍了，好像一切东西都是不固定的，一切东西都是可改可调的，仿佛已经没有规矩了。机制的核心，就是消除不良机制。机制最厉害之处就是不断创造出更优秀的机制。

继承股权的问题

所有股权都不能继承。很多人会谈到这个话题，理由是在法律层面是可以继承的。但一个真正优秀的公司，老板的儿子和孙子不是随随便便都可以当董事、做董事长的，也要从底层一点点做起来。如果老板的儿子和孙子不能够从底层做起，能继承的就只是老板股份中的分红权和收益权，不能真正继承经营权和所有权。但是，很少有人能做到这一条，这就导致很多人没有办法把公司做到非常有“狼性”。

股权实施中的死穴

死穴一：时间、对象、维次混乱

股权实施中的第一个死穴是时间、对象、维次混乱。很多老板认为自己的公司很小，暂时不用搞股权激励。或者现在公司都还没有团队，根本不需要搞股权激励。还有就是现在经营效果不太好，也不需要搞股权激励。

“优秀的老板，一定是和常规的思维反向而行的”，你千万不要说自己公司小，不需要搞股权激励，其实正好相反，正因为公司小，才需要搞股权激励。

股权激励是针对未来的一个蓝图。需要先谈机制后谈教育，先“分赃”后洗脑，先谈分配再谈干活。为什么这么多年来你的公司没有做好，就是因为你一直没有先谈分配，只让人家低着头干活了。你的企业做不大，也是因为老板的思维方式与正常的要求是相反的。

有人说：“老师，我没有人才。”我想说这种思维模式是很难有人才的。我们前面提到过股权是对岗不对人的，并且对岗也是对未来的岗。正因为我们没有人才，所以才需要搭建一个未来的蓝图和框架。这样，只要有合适的人才，股份就会非常清晰明确地给他。不是抓到了兔子才去挖坑，而是先挖了坑兔子才会进来。因为你的公司比较小，你才需要搞股权激励；你没有这样的人才，才需要搞股权激励；你团队没有发展起来，才更需要搞股权激励。

死穴二：小富即安，梦想枯萎

很多老板最容易出现的思维盲点，叫小富即安。

我在杭州讲课的时候，有个老板的公司产值在1.5亿～2亿元，连续几年都是这个数字。一共40个员工，纯利润可以达到40%。这公司很厉害了，遇到这样的案例，我会很兴奋。因为我是做投资的，我的工作就是不断找好项目。于是我一下课就主动找这个老板，碰到这样的好项目我是不想错过的。

我说："你这个公司可以先上新三板了。"他说："老师，我不喜欢上市。"我说："公司上市了，发展更快了，员工也跟着咱混得好。"他说："老师，我不这么想，我认为我的公司挣钱不错，稳稳当当，每年也不要赚太多，现在这个规模就行了。我觉得这样挣钱比较实在，很踏实，也很稳定。"我说："那你有没有想过，我们完全可以把它做得更大，同时所有员工跟着我们也想混得更好一点呢？"

结果，那个老板跟我说的一句话，让我彻底蒙了，他说："我已经给他们不少了，他们要想做大，有本事自己去做吧。"我本来是还想占他点小股份跟他谈一谈，现在发现我要是入股进去了能我把"弄死"。我也不跟他谈了。

这其实就是价值观不同，他属于小富即安型。我见过很多老板，对股权的话题确实非常消极。谈到股权激励，以及未来企业上市，他们都不是非常热衷。我总结了最主要是因为以下几个方面：

第一，他认为自己做不大，也没打算做大。

第二，他做了十几年，做累了，也做疲了，不想干了。

你们可能不想玩股权，也不打算上市，但跟你们混的那帮兄弟们的人生有可能就糟蹋在了你们手中。如果人家当年跟了马云，会是什么结局？人家跟着你混了10年都没买辆车，有多悲催？而你一辆接一辆车买着。所以人生努力是一方面，选择是更重要的一方面。跟对人很重要，找股东也是一样，如果找错了股东，找错了老板，投错了项目，都是很悲催的。老板要是没有斗志，员工一般不大可能有斗志。能够留下来的，一般都是跟你差别不太大的人。

很多公司开了10年、20年，还是那几个员工。可见，留下来的人其实和老板的能力差别也并不太大，都没什么上进心。

小富即安的人好歹也要对未来负一下责任，也要对员工稍微负点责任。如果你自己没有奋斗精神，没有胸怀，所有跟你混的人对未来也将是迷茫的。

很多老板经常说这个员工不懂事，那个员工对自己老板不理解，我建议你自己也要反思一下，他们要是都懂事，还需要跟你混吗？员工如果跟对老板，人生是会不一样的。如果让你给李嘉诚打工3年，不给一分钱，我估计大部分人也都会愿意干。

跟随老板的人，老板对他们负起责任。老板不仅仅是个老板，更应该是个担当，是个责任。

如果跟着我的兄弟们没有挣到钱，我的内心会是非常慌乱的。当你看到兄弟们生活得比较拮据的时候，其实内心是蛮酸的。我有这种经历。我相信，很多老板也是从这个阶段过来的。

所有人生来不是为你而生的，也不是生来就为你服务的，没有必要忠于你。人活着都是为了实现梦想，都是为了对得起自己。员工是为自己的梦想和人生而努力，如果你不思进取，他们将来也就没有办法再跟你混下去了。

死穴三：动机博弈，导向错位

为什么最近这两年股权激励这么火？很多老板是生意好的时候不谈股权，生意不好的时候谈股权，人才留不住的时候谈股权。假如公司这段时间业绩不太好，有人要走，宁愿等一段时间，也不要在这个关键时期搞股权激励。因为这时搞股权激励，即使人留下来了，心也未必是真想留下的，一般都是看到你给的那点小股权，开心地留下来，并不等于他跟随你的意志坚定。

市场行情不太好的时候搞股权激励，虽然动机是给员工搞一个“金手铐”，其实这种动机有点偏激。如果你纯粹是以这个为出发点，最好不要搞股权激励。如果你想要和大家干一项伟大的事业，和大家抱成团搞股权激励才有意义。所以，进行股权激励的时候，动机不可错误。

死穴四：奖励激励，本质混淆

很多老板搞股权激励，最后根本不是股权激励，而是搞成了股权奖励。股权激励是面向未来的，股权奖励是面向过去。股权激励是激发潜能，而股权奖励只是论功行赏，两者实际的效果是完全不一样的。要想两者兼顾，我建议你拿出20%的股权进行稀释，用作股权奖励。比如这次股权要稀释10%的股份，就把其中的8%的股份用作股权激励，再拿出2%的股份用作股权奖励。

股权奖励往往是现在就能拿到手的钱，而股权激励往往需要有一定条件和要求，至少暂时员工是拿不到钱的。就因为这样，所以股权激励才会激发员工的潜能，吊员工的胃口。股权奖励和股权激励，千万不要本末倒置。

死穴五：股权授予，标准匮乏

很多人进行股权激励的时候，容易忽视的问题是没有标准。什么人可以进股？什么人不能成为股东？成为股东要不要出钱？出多少钱？什么级别拿多少钱？什么级别不拿钱？什么级别拿小钱？什么人可以送股？什么人可以买股？什么人可以折买股？什么人有条件要求？什么人没有条件要求？……这一大堆问题，如果你没有清晰的标准，将会一团混乱。但往往很多老板会忽视这些问题。

就像现在的专业婚介机构都会有明确要求。13年前，我问过我的一个销售员:“你想找什么样子的男朋友?”她说:“有钱的,成功的,亲和力好的,长得比较帅的。”我听蒙了,一下子没想到什么样的男孩适合她。接着她又说:“老师,你见了那么多优秀的人才,帮着推荐推荐嘛。”我说:“什么叫成功?什么叫有钱?什么叫帅?什么叫亲和呀?你没有清晰明确的要求,我怎么帮你找啊?你回去好好写一写,3天之后给我一个明确的标准,而且不仅要写出来什么要求,还要排序,第一重要的是什么,第二重要的是什么。”后来她果真写得很清楚。我看了之后,发现第一项写的还真不是有钱,第一项是人品要好。什么标准呢?括号里注明,“要像臧老师一样好”。第二项是要有上进心,也用括号备注,“像臧老师一样拼命三郎”。第三项是要成功,标准是“身价在100万～500元万之间”。第四项要长得帅,括号里写着要“像刘德华,身高要在175cm～178cm之间”。

这几项说得清清楚楚,越清晰越好找。后来我把3000多个会员档案调出来,排查后选中了38个客户。又在这38个档案中让她来选,其中12个有感觉的,经过3个月时间的沟通,锁定了3个人。最后经过半年的相处,她选定了一个人,这个人现在就在深圳。

我们做股权激励也一定要有非常清晰的标准,目标明确更易成功。

死穴六：激励手法简单粗糙

在进行股权激励的过程中，还有一个死穴是激励的手法比较简单。前文我提到了一些激励方法，还有很多种激励手法没有讲。其实股权激励一个很重要的原则就是要玩“组合拳”，必须虚实结合、长短兼顾：在企业内部建立多重薪酬激励体系（见表9-1）。

另外，针对不同的人采用的激励方式也不一样。核心团队可以采用超额利润激励法、在职分红激励法、1-3-5渐进式激励法；业务团队可以采用组合式多层次五步连环激励法；吸引高端人才，可以采用股票期权激励法；对待功臣，可以采用金色降落伞激励法；行业整合，可以采用上下游激励法；特殊资源，可以采用影子股东激励法。

比如，一个店长我先给他10%的分红，第二年，这10%的分红中我要拿出3%变成限制性实股；第三年，这3%的限制性实股只要符合要求，就把它变成实股，然后再拿出3%演变成限制性实股，此后逐步演变。这样我们让他既有业绩提成，又有超额分红，还有在职分红，以及限制性实股、注册实股，玩的是组合拳。

死穴七：股权统筹，目光短浅

通常老板容易在统筹布局这方面失误。比如只考虑了当下单点的激励需求，缺乏长远激励统筹，导致再有“高人”准备加盟时，公司股权资源已经提前用完，老板过早地失去了对公司在各个阶段的实质性控制或影响。

表9-1 多重薪酬激励体系

激励 / 职务名称	保障性收入					激励性收入					职能补贴					长期收益		
	基本工资	绩效工资	年终奖金	职务津贴	荣誉奖金	个人销售提成	职能相关提成	全勤奖励	超额分红	特殊津贴	住房补贴	餐费补贴	电话补贴	交通补贴	住宿舍补贴	在职分红	注册股	晋升通道
董事长	√		√	√					√	√		√	√	√		√	√	
总经理	√	√	√	√	√				√	√	√	√	√	√		√	√	
副总经理	√	√	√	√	√			√	√	√	√	√	√	√	√	√	√	√
总工程师	√	√	√	√	√			√	√	√	√	√	√	√	√	√		√
部门负责人	√	√	√	√	√			√	√	√	√	√	√	√	√	√		√
专业工程师	√	√	√	√	√	√		√		√	√	√	√	√	√	√		√
业务经理	√	√	√	√	√	√		√		√	√	√	√	√	√	√		√
项目经理	√	√	√	√	√		√	√		√	√	√	√	√	√	√		√
普通管理人员	√	√	√		√			√		√	√	√	√	√	√	√		√
司机	√	√	√		√			√		√	√	√	√	√	√	√		√

另外，很多老板目光过于短浅，还停留在传统落后的减法思维模式中，认为给别人多了，自己的就少了，没想过1–1其实可以大于2。越是不想给股权，老板越是会逐步失去对公司的绝对治理权、管理控制权和重大事件否决权，最后导致公司混乱。

具体统筹措施，至少应该包括以下三个方面：

必须做到不谈股份百分比，只谈绝对值，做增量，做加法。

必须胸怀全局，攻守兼顾，用10年后的思维来分割今天的股权比例。

死穴八：股权布局，层次单一

这个死穴的具体表现为：所有被激励的股东都在一个公司平台上持股，导致经营决策权分散。其实这种方式根本不符合上市的要求。当有“鳌拜式”的股东出现，大股东很容易被直接干掉。

这种死穴的整改具体措施是：

必须考虑企业的治理机构，科学布局，层次分明。

必须把所有人赶到一条绝路，置之死地而后生，置之亡境而后存——绝路就是最大的生路！

马上进行股权激励的系统学习。

死穴九：专业错位，闭门造车

有些老板平时老是抢员工的事做，事无巨细，鞠躬尽瘁，于是造成员工只能做老板的事了，比如很多员工天天想着如何给公司做战略规划。

还有一些老板已经下定决心要在企业内部导入股权激励,但过于自信,认为自己很专业,不愿意向专业机构请教学习,不愿意聘请专业教练,自己关起门来买本书,或买套光碟,或看看别人的学习笔记,闭门造车。这样做出来的股权激励方案很容易出问题。

所以,我建议这样的老板必须意识到现在是专业分工的时代,专业的事情要交给专业的人去做;必须意识到学习是最智慧的投资,要向此方面最顶级专家学习——教练的级别决定了选手的等级。关键是找到行业第一名后立刻、去拜师学艺。

后　记

在股权激励的过程中，我们有很多盲点和误区，希望各位企业家在今后的实施过程中，一定要把这些误区、容易出错的地方弥补过来。我希望通过本书，让大家了解到关于股权的相关概念和施行股权激励的方法、步骤，从而使大家对股权有一个清晰的认识。

中国未来的10年、20年，都将是股权应用的重要年代。在今天这个“无股权不富”的时代，希望大家都能搭上这列财富快车。因为股权对内对外都是非常重要的。所以我希望企业家朋友们，一定要高度重视这个问题。

我们通常说要追赶风口，其实下一个风口就是股权激励、股权投资。中小民营企业家无论是对内，还是对外，都绕不过“股权”。对内要整合，要招人、留人、激励，要搭建平台，都跳不过股权问题；对外要众筹，要融资、投资、上市、玩转资本，也都跳不开股权问题。股权一定是企业家迈入下一个风口的门票，同时，也是迈向资本型企业家的一个重要敲门砖。

总之，希望大家把股权当作一个窍门、一个门槛。利用股权激励的方式经营好自己的公司。

附录一　股权激励管理制度

特别说明

1. 本股权激励管理制度依据《中华人民共和国公司法》及其他有关法律、行政法规，以及 × × 有限公司（以下简称“公司”）《公司章程》制定。

2. 公司授予本次股权期权激励计划（以下简称“本计划”）限定的激励对象（以下简称“激励对象”）公司实际资产总额_____% 的股权，激励对象获得的股权拥有在本计划有效期内的可行权日按照预先确定的行权价格受让公司股权的权利。本激励计划的股权来源为公司原有股东有偿出让（或增值扩股）。

3. 公司用于本次股权激励计划所涉及的股权合计占公司实际资产总额的_____%。

4. 本股权激励管理制度的激励对象为_____等岗位高级管理人员和其他核心员工。

5. 本计划的有效期为自股权第一次授权日起____年。公司将在该日后的____年度、____年度和____年度分别按公司实际资产总额的____%、____%、____%的比例向符合授予条件的激励对象授予股权；在本计划有效期内授予的股权期权，均设置行权限制期和行权有效期。行权限制期为2 年，在行权限制期内不可以行权；行权有效期为3 年，在行权有效期内采取匀速分批行权办法。超过行权有效期的，其权利自动失效，并不可追溯行使。在本股权激励管理制度规定的禁售期满后，激励对象获授的股权可以在公司股东间互相转让，或由公司以约定的价格回购。

6. 获授股权期权的激励对象在行权期内需满足的业绩考核条件：

2011 年可行权的股权期权：2010 年度净利润达到或超过____万元。

2012 年可行权的股权期权：2011 年度净利润达到或超过____万元。

2013 年可行权的股权期权：2012 年度净利润达到或超过____万元。

7. 股权期权有效期内发生资本公积转增股本、分红、增资减资等事宜，股权期权数量、所涉及的标的股权总数及行权价格将作相应的调整。

8. 本股权激励管理制度已经于____年____月____日召开的公司____年第____次股东大会审议通过。

第一章 释义

除非另有说明,以下简称在下文中作如下释义:

1. 公司:指 ×× 有限责任公司。

2. 本计划:指 ×× 有限责任公司股权期权激励计划。

3. 超额分红:公司在完成计划目标利润后,与相关利益贡献者分享超出部分利润的激励方式。

4. 在职分红:公司对在职核心人员进行激励的一种股份分红权益。员工因任何原因离职后,此权益即消失。在职分红只有分红权,没有所有权、转让权和表决权。

5. 股权期权、期权激励、期权:指本公司授予激励对象在未来一定期限内以预先确定的价格和条件受让公司一定份额股权的权利。

6. 激励对象:指依照本股权激励管理制度有权获得标的股权的人员,包括公司____等岗位高级管理人员和其他核心员工。

7. 股东会、董事会:指本公司股东会、董事会。

8. 标的股权:指根据本股权激励管理制度拟授予激励对象的本公司的股权。

9. 授权日:指公司向期权激励对象授予期权的日期。

10. 行权:指激励对象根据本计划,在规定的行权期内以预先确定的价格和条件受让公司股权的行为。

11. 可行权日:指激励对象可以行权的日期。

12. 行权价格：指本公司向激励对象授予期权时所确定的受让公司股权的价格。

13. 个人绩效考核合格：《××股权激励管理制度实施考核办法》。

第二章　本股权激励管理制度的目的

本公司制定、实施本股权激励管理制度的主要目的是完善公司激励机制，进一步提高员工的积极性、创造性，促进公司业绩持续增长，在提升公司价值的同时为员工带来增值利益，实现员工与公司共同发展，具体表现为：

1. 建立对公司核心员工的中长期激励约束机制，将激励对象利益与股东价值紧密联系起来，使激励对象的行为与公司的战略目标保持一致，促进公司可持续发展。

2. 通过本股权激励管理制度的引入，进一步完善公司的绩效考核体系和薪酬体系，吸引、保留和激励实现公司战略目标所需要的人才。

3. 树立员工与公司共同持续发展的理念和公司文化。

■ 通过本计划，让公司核心管理人员、核心专业人员最大限度地享受公司发展而带来的利益。

■ 通过本计划，激励核心员工的积极性和创造性，使公司核心人员的利益与公司长期利益统一，创造企业与员工的共赢局面。

■ 通过本计划，保留公司的核心员工，吸引优秀人才加盟。

■ 通过本计划,提升公司业绩,约束管理者短期行为。

第三章 本股权激励管理制度的管理机构

1. 本公司股东大会作为公司的最高权力机构,负责审议批准本股权激励管理制度的实施、变更和终止。

2. 本公司董事会是本股权激励管理制度的审核机构,负责审核本股权激励管理制度并提交股东会会议审议通过;公司董事会根据股东大会的授权办理本股权激励管理制度的相关事宜。

3. 本公司监事会是本股权激励管理制度的监督机构,负责核实激励对象名单,并对本股权激励管理制度的实施是否符合相关法律法规及《公司章程》进行监督。

4. 本公司薪酬委员会是本股权激励管理制度的执行管理机构,负责制定本股权激励管理制度和提交激励对象名单、具体激励办法。

5. 各机构的具体职责:

5.1 公司薪酬委员会

5.1.1 对股权激励进行可行性分析。

5.1.2 编制《股权激励计划》。

5.2 公司董事会执行委员会

5.2.1 执行《股权激励计划》。

5.3 公司董事会履行以下职责:

5.3.1 提出《股权激励计划》的需求。

5.3.2 审核《股权激励计划》,并报股东会审议。

5.3.3 对于《股权激励计划》具有最终解释权。

5.3.4 审核公司员工授予股份和限制性股份的资格。

5.3.5 负责审批《股权激励计划》的变更。

5.3.6 废除、终止《股权激励计划》。

5.4 公司股东会主要履行以下职责:

5.4.1 审批公司《股权激励计划》。

5.4.2 废除、终止《股权激励计划》。

5.5 公司监事会负责对公司《股权激励计划》的实施进行监督。

5.5.1 激励对象有权选择是否接受股权激励,签署相关协议书。

第四章 本股权激励管理制度的激励对象

1. 激励对象的资格

本股权激励管理制度的激励对象应为:

1.1 同时满足以下条件的人员:

1.1.1 为本公司的正式员工;

1.1.2 截至______年______月______日,在本公司连续司龄满____年;

1.1.3 为公司____等岗位高级管理人员和其他核心员工。

1.2 虽未满足上述全部条件,但公司股东会认为确有必要进行激励的其他人员。

1.3 公司激励对象的资格认定权在公司股东会;激励对象名单须经公司股东会审批,并经公司监事会核实后生效。

第五章 股权激励计划

1.《股权激励计划》需求的提出

1.1 公司董事会成员不定期根据企业的发展需要提出《股权激励计划》的需求。

1.2 《股权激励计划》的需求经董事会一致同意后,交公司薪酬委员会编制计划。

2.《股权激励计划》的编制

2.1 由公司薪酬委员对股权激励需求进行评估。

2.1.1 薪酬委员会对现阶段是否需要采取股权激励进行评估。

2.1.2 薪酬委员会对现阶段适用的股权激励方式进行评估。

2.1.3 薪酬委员会对现阶段哪些人要纳入本次股权激励及激励额度进行评估。

2.2 薪酬委员根据评估结果,编制《股权激励计划》。

2.3 《股权激励计划》的审核和批准。

2.3.1 薪酬委员会编制《股权激励计划》,交董事会审核,董事会审核通过后提交股东大会并经股东大会审议通过。

2.3.2 董事长批准《股权激励计划》。

2.4 《股权激励计划》的实施。

2.4.1 董事会下属执行委员会根据《股权激励计划》编制考核标准及考核计划。

2.4.2 执行委员会对激励对象进行考核。

2.4.3 执行委员会对考核结果进行汇总,报董事会。

2.4.4 董事会对考核结果进行审批。

2.4.5 执行委员会公布考核结果,安排股权授予计划。

2.5 《股权激励计划》的修改与终止。

2.5.1 《股权激励计划》在实施过程中有任何问题,由执行委员会收集后提交董事会决议。

2.5.2 《股权激励计划》中的修改与终止需要经董事会表决通过后方可生效。

2.5.3 有下列情况的终止《股权激励计划》:

2.5.3.1 因经营亏损导致停业、破产或解散的。

2.5.3.2 被激励对象有重大违法、违规行为。

2.5.3.3 股东会或董事会全体一致同意做出的特别决议。

2.5.3.4 各激励计划中的其他规定。

第六章 标的股权的种类、来源、数量和分配

1. 股权的种类

本公司现阶段仅采用非上市公司股权激励,采用的激励方法

包括：

1.1 超额分红激励。

1.2 分红股激励。

1.3 限制性股权激励。

1.4 增持股激励。

1.5 注册股激励。

1.6 金色降落伞计划。

1.7 董事会认同的其他激励方法。

2. 来源

本股权激励管理制度拟授予激励对象的标的注册股股权为 ×× 公司原股东出让股权。

3. 数量

分红股：本次在职分红股为____股。

注册股：本公司向激励对象授予公司实际资产总额______% 的股权。

4. 分配

4.1 本股权激励管理制度的具体分配参考《股权激励计划》。

4.2 本公司因公司引入战略投资者、增加注册资本、派发现金红利、资本公积金转增股权或其他原因需要调整标的股权数量、价格和分配的，公司股东会有权进行调整。

第七章　本股权激励管理制度的有效期、授权日、可行权日、禁售期

1. 有效期

本股权激励管理制度的有效期为______年，自第一次授权日起计算。有效期内授予的注册股，均设置行权限制期和行权有效期。

行权限制期为____年；

行权有效期为____年。

2. 授权日

2.1　本计划有效期内的每年____月____日。

2.2　本公司将在____年度、____年度和____年度分别按公司实际资产总额的____%、____%、____%比例向符合授予条件的激励对象授予标的股权。

3. 可行权日

3.1　各次授予的期权自其授权日______年后，满足行权条件的激励对象方可行权。

3.2　本次授予的股权期权的行权规定：

在符合规定的行权条件下，激励对象自授权日起持有期权满____年（行权限制期）后，可在______年（行权有效期）内行权。在该次授予期权的______年行权有效期内激励对象应采取匀速分批行权的原则来行权。行权有效期后，该次授予的期权的行使权利自动失效，不可追溯行使。

4. 禁售期

4.1 激励对象在获得所授股权之日起______年内，不得转让该股权。

4.2 禁售期满，激励对象所持股权可以在公司股东间相互转让，也可以按照本计划约定，由公司回购。

第八章 股权的授予程序和行权条件程序

1. 授予条件

激励对象获授标的股权必须同时满足如下条件：

1.1 业绩考核条件：

____年度净利润达到或超过____万元。

1.2 绩效考核条件：

根据《本公司股份有限公司股权激励管理制度实施考核办法》，激励对象上一年度绩效考核合格。

2. 授予价格

2.1 公司授予激励对象标的股权的价格：公司实际资产 × 获受股权占公司实际资产的比例。

2.2 资金来源：公司授予激励对象标的股权所需资金的______%由激励对象自行筹集，其余由公司发展基金划拨。

3. 股权转让协议书

公司在标的股权授予前与激励对象签订《股权转让协议书》，约定双方的权利义务，激励对象未签署《股权转让协议书》或已签署《股权转让协议书》但未按照付款期限支付受让标的股权款的，视为该激励对象放弃参与本次授予。

4. 股权期权的激励程序

4.1 公司与激励对象签订《股权转让协议书》，约定双方的权利义务。

4.2 公司于授权日向激励对象送达《股权授予通知书》一式两份。

4.3 激励对象在______个工作日内签署《股权授予通知书》，并将一份送回公司。

4.4 公司根据激励对象签署情况制作股权激励计划管理名册，记载激励对象姓名、获授股权的金额、授权日期、股权授予协议书编号等内容。

5. 行权条件

激励对象对已获授权的股权期权将分______期行权，行权时必须满足以下条件：

5.1 激励对象《本公司股权激励管理制度实施考核办法》考核合格。

5.2 在股权期权激励计划期限内，行权期内的行权还需要达到下列财务指标条件方可实施：

序号	项目	年	年	年
1	净利润			
2	销售收入			
3	销售毛利率			
4	净资产收益率			
5	销售货款回笼率			
6	销售费用率(三项费用)			

第九章　本股权激励管理制度的变更和终止

1. 激励对象发生职务变更

1.1　激励对象职务发生变更,仍在公司任职,其已经所获授的股权期权不作变更。

1.2　激励对象职务发生变更,仍在公司任职,且变更后职务在本计划激励对象范围内,按变更后职务规定获授股权期权。

1.3　激励对象职务发生变更,但仍在公司任职,但变更后职务不在本计划激励对象范围内,变更后不再享有获授股权期权的权利。

2. 激励对象离职

指因各种原因导致激励对象不在公司任职的情况

2.1　激励对象与公司的聘用合同到期,公司不再与之续约的:其已行权的股权继续有效;已授予但尚未行权和尚未授予的股权期权不再授予，予以作废。

2.2　有下列情形之一的，其已行权的股权继续有效，但需将该股权以______价格转让给公司的其他股东或公司根据新的激励计划新增的激励对象；或由公司以______价格回购；已授予但尚未行权和未授予的标的股权不再行权和授予，予以作废。

2.2.1　激励对象与公司的聘用合同到期，本人不愿与公司续约的；

2.2.2　激励对象与公司的聘用合同未到期，激励对象因个人绩效等原因被辞退的；

2.2.3　激励对象与公司的聘用合同未到期向公司提出辞职并经公司同意的。

2.3　激励对象与公司的聘用合同未到期，因公司经营性原因等原因被辞退的：其已行权的股权继续有效，并可保留；但未经公司股东会一致同意，该股权不得转让给公司股东以外的他方；已授予但尚未行权的股权期权和尚未授予的股权期权不再授予，予以作废。

2.4　激励对象与公司的聘用合同未到期，未经公司同意，擅自离职的：其已行权的股权无效，该激励对象需无条件将已获得的股权以______购买价格回售给公司其他股东，或由公司按该价格回购；已授予但尚未行权和未授予的标的股权不再解锁和授予，予以作废。

3. 激励对象丧失劳动能力

3.1　激励对象因公（工）丧失劳动能力的：其已行权的股权和

已授予但尚未行权的股权继续有效；尚未授予的股权不再授予，予以作废。

3.2 激励对象非因公（工）丧失劳动能力的：其已行权的股权继续有效；已授予但尚未行权的股权由公司董事会酌情处置；尚未授予的标的股权不再授予，予以作废。

4. 激励对象退休

激励对象退休的，其已行权的股权和已授予但尚未行权的标的股权继续有效；尚未授予的标的股权不再授予，予以作废。

5. 激励对象死亡

激励对象死亡的，其已行权的股权和已授予但尚未行权的股权继续有效但由公司溢价回购；尚未授予的标的股权不再授予，予以作废。

6. 特别条款

在任何情况下，激励对象发生触犯法律、违反职业道德、泄露公司机密、失职或渎职等行为严重损害公司利益或声誉的，公司董事会有权立即终止其所获授但尚未行权的股权，符合本计划规定情形的，按相应规定执行。

第十章 附则

1. 本股权激励管理制度由公司股东会负责解释。

2. 公司股东会根据本股权激励管理制度的规定对股权的数量和

价格进行调整。

3. 本股权激励计划一旦生效，激励对象同意享有本股权激励管理制度下的权利，即可认为其同意接受本股权激励管理制度的约束并承担相应的义务。

附录二 股权激励方案

前言

1. 本激励计划依据《中华人民共和国公司法》、×× 有限公司《公司章程》制定。

2. ×× 有限公司预授予激励对象在职分红股350万股，本激励计划在2013年1月1日开始，在2017年12月31日完成，或公司进行股份制改制时，在两者的日期前完成。

3. 公司财务年度周期：当年1月1日至12月31日止。

4. 本方案为具体规划，公司股权激励整体运作按照《股权激励管理制度》执行。

5. 本激励计划的股票来源为 ×× 向激励对象定向发行，公司原股东同比例稀释，当正式注册股份时，股份来源为 ×× 有限公司未来股份制改制为 ×× 股份有限公司时的股份额度。

6. 本激励计划必须同时满足如下条件后方可实施：

6.1 ××有限公司股东会的批准。

6.2 公司及大股东如为公开发行股票并上市的需要,可单方终止方案或协议而不须承担任何违约责任。

总则

1. 目的

为了激励公司高层管理人员和核心业务人员,吸引优秀人才,留下优秀人才,实现企业和员工共同发展。

2. 定义

2.1 本公司本文中指的是××有限公司,以下简称为本公司。

2.2 股东会本文中指的是××有限公司的股东会,以下简称为股东会。

2.3 董事会本文中指的是××有限公司的董事会,以下简称为董事会。

2.4 元指人民币元。

2.5 公司的会计年度计算周期:每年的1月1日至12月31日。

2.6 在职分红股:又称为虚拟股份激励,是指公司股东通过股东会或董事会与激励对象约定,在激励对象工作达到约定业绩时,激励对象享有按约定股数分享公司红利的权利。

2.6.1 在职分红股从本质上讲,在职分红股激励属于企业股东采用附加条件授予的方式,在一定期限内让渡部分剩余索取权,而非完整意义上的股权。

2.6.2 已经确定授予激励对象的虚拟股份产生的分红归个人所有。

2.6.3 在职分红股无表决权,无转让权和继承权,离开企业后自动丧失。

2.7 待注册股是公司预授给被激励对象的一种未来可以注册的股份额度,该股份额度经过2013—2015三年的考核期,根据考核结果得出相应可以注册的股数。经过2016—2017年两年锁定期后,按照相关法律的规定变更工商注册登记。待注册股具有以下特性:

2.7.1 待注册股在考核期内与职位相关,离开职位、职位的升降均可能引起此股份的变化,甚至取消。

2.7.2 待注册股在锁定期内与是否在公司任职相关,离开公司会取消其拥有的待注册股的资格。

2.7.3 待注册股在注册完成前,只有分红权,没有所有权、表决权、转让权和继承权。注册完成后根据公司的章程,享有规定分红权、所有权、表决权、转让权和继承权。

2.8 锁定期是指被激励对象在完成考核期后,至正式注册之前的一段时间。

3. 时间:

3.1 2013—2015年度为在职分红股股权激励考核期。

3.2 2016—2017年度为待注册股锁定期。

4. 总股本

4.1　将 ×× 的净资产虚拟为3500万股，以下被激励对象的授权股份额度按照3500万股的总股本进行计算。

4.2　在上市前完成股份制改造时，如果 ×× 总股本不等于3500万股，则实际的授权股份额度按照比例进行相应的变化。

5. 被激励对象本次股权激励是 ×× 部门经理级以上人员。

6. 本次激励采用在职分红股及超额利润分红两种方式。

激励对象	超额利润分红	在职分红股	注册股

（备注：部门经理分红激励模式采用一三五渐进式股权。）

7. 利润分配机制

7.1　甲方每年利润先提取超额分红，将所余利润的60%留用于企业的发展。其他的40%作为股权分红可分配利润，用于在职分红股分红。

7.2　在职分红股与股东享有同等分红权利，分红比例如下：

考核当年的在职分红股总分红 =

$$\frac{（可分利润-总超额分红）\times（1-提留比例）\times 在职分红股总额度}{注册股（3500万股）+ 在职分红股总额度}$$

超额利润分红激励

1. 超额利润激励对象

公司部门主管级（含主管级）以上人员。

2. 公司利润目标

2.1 2013年公司总销售额目标15000万元，利润目标300万元，利润增长率15%。

2.2 2013—2015年公司利润目标，如下表所示：

年份	2013年	2014年	2015年
利润目标（万元）			

3. 超额利润分红额度

3.1 所有的超额利润分红额度按照双因素价值评估确定。

3.2 双因素价值评估由公司统一组织，按照岗位排序法评估，各岗位最终超额分红额度由董事长批准。根据现有职位计算超额利润分红额度。

3.3 本次公司超额利润分红股份额度与岗位对照如下表所示：

序号	职位	人数	超额利润分红比例
1			
2			
3			

（续表）

序号	职位	人数	超额利润分红比例
4			
5			
6			
7			
8			
9			
10			
11			
合计			

4. 超额利润提取比例

超额分红提取基础比例：90%。

实际完成比例	90%	100%	120%	150%	200%
公司利润额	270万元	300万元	360万元	450万元	600万元
公司超额部分提取比例	10%	20%	30%	50%	60%
部门超额部分提取比例	10%	15%	20%	25%	30%

5. 超额利润计算

公司当年额利润分红总额＝（当年实际完成利润－公司利润目标×90%）× 超额提取比例

岗位年度超额利润分红 = 公司当年超额利润分红总额 × 岗位超额利润分红比例

6. 超额利润计算日期

考核期：每年1月1日至12月31日。

7. 退出机制

在方案有效期内，凡发生下列事由（包括但不限于），自情况核实之日起即丧失超额利润分红资格、考核资格、取消剩余分红，情节严重的，公司依法追究其赔偿责任并有权给予行政处分，行政处分包括但不限于停止参与公司一切激励计划、取消职位资格甚至除名。构成犯罪的，移送司法机关追究刑事责任。

7.1 因不能胜任工作岗位、违背职业道德、失职渎职等行为严重损害公司利益或声誉而导致的降职。

7.2 公司有足够的证据证明乙方在任职期间，由于受贿索贿、贪污盗窃、泄漏公司经营和技术秘密、损害公司声誉等行为，给公司造成损失的。

7.3 开设相同或相近的业务公司。

7.4 自行离职或被公司辞退。

7.5 伤残、丧失行为能力、死亡。

7.6 违反公司章程、公司管理制度、保密制度等其他行为。

7.7 违反国家法律法规并被刑事处罚的其他行为。

在职分红股激励

1. 在职分红股股份额度

1.1 所有的在职分红股股份额度按照双因素价值评估确定。

1.2 双因素价值评估由人力资源部统一组织，按照岗位价值排序法评定，各岗位最终在职分红股股份额度由董事长确定。

1.3 公司总股股份数量3500万股，根据现有职位计算，在职分红股股份额度总计350万股。

1.4 本次在职分红股股份额度与岗位对照如下表所示：

序号	职位	人数	占比	激励额度（万股）
1				
2				
3				
4				
5				
6				
7				
8				
合计				

2. 在职分红股的考核

2.1 参见 ×× 有限公司股权激励管理制度中在职分红考核表。

2.2 考核系数 = 价值观系数 × 公司指标系数 × 部门指标系数 × 自律项系数 × 客户满意系数 × 品德项系数 × 成长项系数

其中 价值观系数、自律项系数、客户满意系数、品德项系数是0或者1，公司指标系数、部门指标系数是0,0.7或者1，成长项系数

3. 在职分红股考核期

3.1 考核期：2013—2015年

3.2 考核期每年在职分红股数量 = 岗位在职分红股数量 × 考核系数

4. 考核期内在职分红股的总分红及考核期内岗位在职分红股分红

考核当年的在职分红股总分红 =

$$\frac{（可分利润 - 总超额分红）×（1- 提留比例）× 在职分红股总额度}{注册股（3500万股）+ 在职分红股总额度}$$

岗位在职分红股的分红 =

$$\frac{考核当年的在职分红总分红 × 岗位预授在职分红股额度 × 当年考核系数}{当年在职分红股总额度}$$

5. 退出机制

在方案有效期内，凡发生下列事由（包括但不限于），自情况核实之日起即丧失在职分红股资格、考核资格、取消剩余分红，情节严重的，公司依法追究其赔偿责任并有权给予行政处分，行政处分包括但不限于停止参与公司一切激励计划、取消职位资格甚至除名。构成犯

罪的,移送司法机关追究刑事责任。

5.1 因不能胜任工作岗位、违背职业道德、失职渎职等行为严重损害公司利益或声誉而导致的降职。

5.2 公司有足够的证据证明乙方在任职期间,由于受贿索贿、贪污盗窃、泄漏公司经营和技术秘密、损害公司声誉等行为,给公司造成损失的。

5.3 开设相同或相近的业务公司。

5.4 自行离职或被公司辞退。

5.5 伤残、丧失行为能力、死亡。

5.6 违反公司章程、公司管理制度、保密制度等其他行为。

5.7 违反国家法律法规并被刑事处罚的其他行为。

注册股激励

1. 在考核期过后的在职分红股，经过锁定期后可转为注册股

1.1 考核期:2013—2015年，按考核结果确定分红额度及待注册股额度。

1.2 锁定期:2016—2017年，锁定期有分红，不需考核。

1.3 注册时间：经过锁定期后，由公司在2018年6月30日前完成注册。

2. 待注册股份额度

2.1 所有的待注册股股权激励额度针对职位设定。根据现有

职位计算，总预授额度总计350万股，占总注册股数量3850万股（公司股份数3500万股＋预授股350万股）的9.1%。

2.2　激励对象所持有注册股由公司成立××持股公司持有，股权结构变动如下：

股权激励前公司股权结构：董事长100%持股。

注册股激励后公司股权结构：

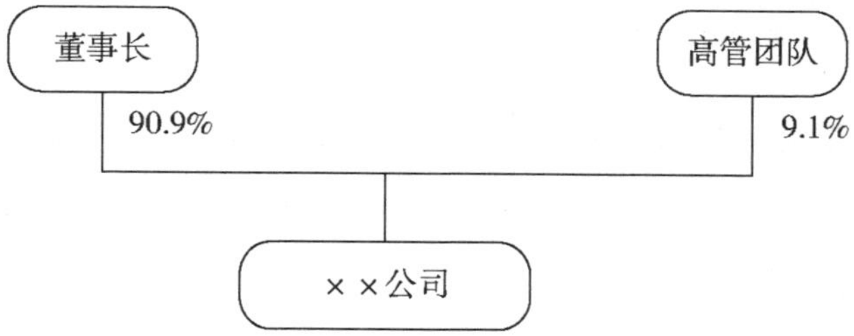

2.3　高管团队在××持股直接拥有注册股，注册股股东将列入股东名册，并办理相关工商注册手续。

2.4　××有限公司的注册及办理，将按现在的股权结构办理，由公司统一再由公司在2018年6月30日前完成注册。

3. 本次待注册股股权激励的预授额度

3.1　公司按照3500万总股本计算，高管团队待注册股预授额度350万股。

3.2　下表是根据双因素价值评估的设定的待注册股。

序号	职位	人数	待注册股 （万股）
1			
2			
3			
4			
5			
6			
7			
8			
合计			

4. 锁定期内待注册股的锁定与分红

4.1 锁定期:2016—2017年

4.2 锁定期内待注册股数量 = 2013—2015三年的考核当年待注册股实际数量的平均值

$$待注册股实际数量=\frac{\sum_{I=1}^{3}预授注册股数量\times年度考核系数}{3}$$

5. 锁定期内待注册股的分红

$$待注册股的分红=\frac{当年在职股总分红\times待注册股数量}{3500万股+当年在职股总额}$$

6. 股份注册

6.1 待注册股进行工商注册登记的时间按以下两者先到者的时间为最终的注册时间。

6.1.1 根据待注册股的实际数量在2018年6月30日以前完成注册。

6.1.2 当考核期未结束或锁定期未结束时,公司准备上市,则按照已经完成的考核结果或锁定期待注册股数量进行工商注册登记。

6.2 股份价格

每股股价 = 当期公司净资产 / 当期总股本

6.3 注册方法本公司采用买一送一的方式,按照注册股份时候的每股股价进行注册。

6.3.1 首次实施注册股激励,由在职分红股激励对象出资购买,公司所有股东同比例稀释,具体名单由董事会批准。

6.3.2 具体执行方案由董事会审议,股东会决定。

6.4 受股方式:实施注册股激励,采取受股的方式为激励对象购买一半,大股东赠送一半。

6.5 资金来源

6.5.1 考核期在职分红股分红及超额利润分红20% 留存,锁定期在职分红股分红及超额利润分红20% 留存,以及当年的奖金部分和分红用于购买注册股。

6.5.2 如有资金困难,注册股激励对象可向大股东进行无息借款,借款在3 ～ 4年还清。

6.5.3　偿还借款：激励对象先抵扣一部分奖金（不低于奖金的50%）偿还借款，再用每年分红偿还借款。如有急需用款，可向大股东申请奖金部分。

7. 待注册股退出方式

在待注册股锁定期内，凡发生下列事由（包括但不限于），自情况核实之日起即丧失待注册股资格、考核资格、取消剩余分红，情节严重的，公司依法追究其赔偿责任并有权给予行政处分，行政处分包括但不限于停止参与公司一切激励计划、取消职位资格甚至除名。构成犯罪的，移送司法机关追究刑事责任。

7.1　因不能胜任工作岗位、违背职业道德、失职渎职等行为严重损害公司利益或声誉而导致的降职。

7.2　公司有足够的证据证明乙方在任职期间，由于受贿索贿、贪污盗窃、泄漏公司经营和技术秘密、损害公司声誉等行为，给公司造成损失的。

7.3　开设相同或相近的业务公司。

7.4　自行离职或被公司辞退。

7.5　伤残、丧失行为能力、死亡。

7.6　违反公司章程、公司管理制度、保密制度等其他行为。

7.7　违反国家法律法规并被刑事处罚的其他行为。

8. 注册股退出机制

8.1　注册股退出机制分为：主动辞职、辞退、降职、退休、病故、因公殉职、违反否决条件等情况，具体退出时间、退出时处理方法见下表：

项目 类别	退出时间	赠送部分退还比例	实际已购买部分退还比例	备注
主动辞职	T ≤ 3年	原值的0%	退还60%	1. 主动辞职和辞退，锁定退出时的上一个季度的净资产价格和额度，同时注销股东名字，其退股资金分3年退还，每年退出1/3 2. 主动辞职和辞职3年之内，若做出损害公司的利益的事情，则扣罚其退股股金，具体扣罚额度由董事会决定 3. 辞退条件：否决条件由董事会决定
	3 < T ≤ 4年	原值的20%		
	4 < T ≤ 5年	原值的50%		
	5 < T ≤ 6年	原值的80%		
	6 < T ≤ 7年	原值的××0%		
	T > 7年	（原值 + 增值）的60%		
辞退	T ≤ 3年	原值的0%	退还60%	
	3 < T ≤ 4年	原值的20%		
	4 < T ≤ 5年	原值的30%		
	5 < T ≤ 6年	原值的40%		
	6 < T ≤ 7年	原值的60%		
	T > 7年	（原值 + 增值）的40%		

（续表）

<table>
<tr><th>项目
类别</th><th>退出时间</th><th>赠送部分退还比例</th><th>实际已购买部分退还比例</th><th>备注</th></tr>
<tr><td rowspan="6">降职</td><td>T ≤ 3年</td><td>原值的0%</td><td rowspan="6">退还60%</td><td rowspan="7">1. 降职后，根据新的职位价值评估需要减持的股份，其中赠送部分退还比例和购买部分退还比例见表
2. 退休后须减持或转让至少20%的股份，但可保留一定的股份，具体比例由董事会决定
3. 退休后不能在竞争对手任职，或成立同行业公司
4. 退休后的股权，可以指定约定继承人继承，并报经董事会备案
5. 退休后返聘者，可继续保留原股份
6. 退休年龄：男60岁，女55岁</td></tr>
<tr><td>3 < T ≤ 4年</td><td>原值的20%</td></tr>
<tr><td>4 < T ≤ 5年</td><td>原值的40%</td></tr>
<tr><td>5 < T ≤ 6年</td><td>原值的60%</td></tr>
<tr><td>6 < T ≤ 7年</td><td>原值的80%</td></tr>
<tr><td>T > 7年</td><td>（原值 + 增值）的60%</td></tr>
<tr><td>退休</td><td>到达退休年龄时</td><td>（原值 + 增值）的80%</td><td>退还80%</td></tr>
</table>

（续表）

项目 类别	退出时间	赠送部分退还比例	实际已购买部分退还比例	备注
病故	T ≤ 1年	原值的0%	退还60%	1. 如果选择股权继承，即不退出，由预先约定的继承人继承 2. 如果选择退出股权，其退出比例，由继承人自行决定，则按照本表格规定执行 3. 如果继承人未达到法定年龄，则由法定监护人决定
	1 < T ≤ 2年	原值的25%		
	2 < T ≤ 3年	原值的50%		
	4 < T ≤ 5年	原值的75%		
	T > 5年	原值的100%		
因公殉职	发生时	原值的100%	退还60%	
违反否决条件	发生时	原值的0%	退还30%	1. 若激励对象违反否决条件，一经发现，则必须强行退出，退出比例按照本表格规定执行 2. 若对公司经济利益侵害严重，公司可保留法律追索权

备注：

1. T 为实施股权激励后，即成为注册股股东后到退出的时间。
2. 赠送部分包括原值和增值部分，实际已购买部分包括原值和增值部分。

分红支付方式

1. 利润分配机制

1.1 甲方每年利润(先去除公司及事业部的超额分红部分)的60%留用于企业的发展,其他的40%作为可分配利润,用于在职分红股的分红。

1.2 甲方支付乙方各年获得的分红包括超额分红及在职分红股分红,采取四三二一原则支付。为体现甲方对乙方服务年限延长的鼓励和甲乙方利益的和谐统一,甲方对支付乙方的实际分红根据乙方考核期开始年度和以后年度分别按以下方式计算(公式中以N为乙方服务考核年度第一年):

考核期第N年度实际分红 = 考核期第N年度考核分红基数 × 40%

考核期第N+1年度实际分红 = 考核期第N年度考核分红基数 × 30%+ 考核期第N+1年度考核分红基数 × 40%

考核期第N+2年度实际分红 = 考核期第N年度考核分红基数 × 20%+ 考核期第N+1年度考核分红基数 × 30%+ 考核期第N+2年度考核分红基数 × 40%

考核期第N+3年度实际分红 = 考核期第N+1年度考核分红基数 × 10%+ 考核期第N+2年度考核分红基数 × 20%+ 考核期第N+3年度考核分红基数 × 30%+ N+4年度考核分红基数 × 40%

考核期第N+4年度实际分红=考核期第N+2年度考核分红基数×10%+考核期第N+3年度考核分红基数×20%+考核期第N+4年度考核分红基数×30%+考核期第N+5年度考核分红基数×40%

以后年度考核依据N+4、N+5年度计算公式类推。

参见附表：股权激励考核及分红计算表。

2. 甲方应于每考核年度财务报表对外报出前根据未审计数据对应支付乙方分红数额进行预计，并于次年6月前根据经审计数据计算实际分红数额并足额支付给乙方。

其他

1.《股权激励方案》和《股权激励管理制度》不影响公司根据发展需要做出注册资本调整、合并、分立、企业解散或破产、资产出售或购买、业务转让或吸收以及公司其他合法行为。

2. 有下列情况的，终止《股权激励方案》：

2.1 因经营亏损导致停业、破产或解散。

2.2 重大违法、违规行为。

2.3 股东会做出的特别决议。

2.4 公司与激励对象签署股权激励协议不构成公司对激励对象聘用期限和聘用关系的任何承诺，公司对激励对象的聘用关系仍按劳动合同法的有关约定执行。

2.5 双方发生争议，本《股权激励方案》已涉及的内容按约定解决，本《股权激励方案》未涉及的部分，按照相关法律和公平合理原则解决。

2.6　激励对象违反《股权激励方案》及《股权激励管理制度》的有关约定或国家法律政策而要求公司停止《股权激励方案》的，公司有权视情况通知激励对象，终止与激励对象的《股权转让协议》《在职分红股协议书》而不需承担任何责任。

3. 公司实施股权激励方案的财务、会计处理及其税收等问题，按有关法律法规、财务制度、会计准则、税务制度规定执行。

4. 本方案自经公司股东会批准之日起生效。

5. 本方案由薪酬与考核委员会负责修订和完善。

6. 本方案的修改、补充均须经股东会的通过。

7. 董事会具有对《股权激励方案》内容和条款的解释权和推断权。

股权激励考核及分红计算表

单位：万元人民币

年别 项目	第1年 在职分红股 考核	第2年 在职分红股 考核	第3年 在职分红股 考核	第4年 锁定期	第5年 锁定期		
考核日期	2014-01-01	2015-01-01	2016-01-01	2017-01-01	2018-01-01		
分红日期	2014-02-25	2015-02-25	2016-02-25	2017-02-25	2018-02-25		
在职分红总额（元）							
超额分红总额（元）							
当期公司在职分红股本总额度（股）							
当期公司超额分红总额度（股）							
被激励对象在职分红（元）							
被激励对象超额分红（元）							

（续表）

年别 项目	第1年 在职分红股 考核	第2年 在职分红股 考核	第3年 在职分红股 考核	第4年 锁定期	第5年 锁定期		
个人当年应分红总额(元)							
第一年分红支付(当年分红总额×40%)							
第二年剩余分红(第一年分红总额×30%)							
第三年剩余分红(第一年分红总额×20%)							
第四年剩余分红(第一年分红总额×10%)							
当年累计分红							

附录三　股权激励协议书

（仅供参考）

甲方

名称：深圳市 ×× 有限公司

法人：×××

地址：深圳市 ×× 百汇大厦 ×× 栋

电话：0755 – ×××× ××××

传真：0755 – ×××× ××××

乙方

姓名：×××

身份证号码：××××××××××××××××××

籍贯：×× 省 ×× 市 ×× 路 ×× 号 ×× 大厦 ××× 室

现住址：深圳市 ×× 区 ×× 路 ×× 号 ×× 大厦 ××× 室

联系电话：×××××××××××

根据《合同法》和《××股份有限公司股权激励制度》的有关规定，本着自愿、公平、平等互利、诚实信用的原则，甲乙双方就以下有关事项达成如下协议：

1. 本协议书的前提条件

（1）乙方在2013年12月31日前的职位为甲方公司总经理之职。

（2）在2014年1月1日至2016年12月31日期间，乙方的职位为甲方公司总经理之职。

若不能同时满足以上2个条款，则本协议失效。

2. 限制性股份的考核与授予

（1）由甲方的薪酬委员会按照《××公司××年度股权激励计划》中的要求对乙方进行考核，并根据考核结果授予乙方相应的限制性股份数量。

（2）如果乙方考核合格，甲方在考核结束后30天内发出《限制性股份确认通知书》。

（3）乙方在接到《限制性股份确认通知书》后30天内，按照《限制性股份确认通知书》规定支付定金。逾期不支付，视为乙方放弃《股权确认通知书》中通知的限制性股份。

3. 限制性股份的权利与限制

（1）本协议的限制性股份的锁定期为5年，为2017年1月1日至2021年12月31日期间。

（2）乙方持有的限制性股份在锁定期间享有与注册股相同的分红

权益。

(3)乙方持有限制性股份锁定期间不得转让、出售、交换、记账、质押、偿还债务。

(4)当甲方发生送红股、转增股份、配股和向新老股东增发新股等影响甲方股本的行为时,乙方所持有的限制股根据《××股份有限公司股权激励制度》进行相应调整。

(5)若在锁定期内公司上市,公司将提前通知乙方行权,将乙方的限制性股份转为公司注册股。行权价格以《限制性股份确认通知书》中规定或董事会规定为准。

4. 本协议书的终止

(1)在本合同有效期内,凡发生下列事由(包括但不限于),自情况核实之日起即丧失激励资格、考核资格,取消剩余分红,情节严重的,公司依法追究其赔偿责任并有权给予行政处分,行政处分包括但不限于停止参与公司一切激励计划、取消职位资格甚至除名。构成犯罪的,移送司法机关追究刑事责任。

- 因不能胜任工作岗位、违背职业道德、失职渎职等行为严重损害公司利益或声誉而导致的降职。
- 公司有足够的证据证明乙方在任职期间,由于受贿索贿、贪污盗窃、泄漏公司经营和技术秘密、损害公司声誉等行为,给公司造成损失的。
- 开设相同或相近的业务公司。

● 自行离职或被公司辞退。

● 伤残、丧失行为能力、死亡。

● 违反公司章程、公司管理制度、保密制度等其他行为。

● 违反国家法律法规并被刑事处罚的其他行为。

（2）在拥有限制性股份锁定期间，无论何种原因离开公司的，甲方将无条件收回乙方的限制性股份。

5. 行权

（1）本协议中的限制性股份的行权期为2022年1月15日至2022年1月31日。

（2）行权价格以《限制性股份确认通知书》中规定为准。

（3）行权权力选择：

● 乙方若不想长期持有，公司可以回购其股份，价格根据现净资产的比例支付或协商谈判。

● 乙方希望长期持有，则甲方为其注册，成为公司的正式股东，享有股东的一切权利。

6. 退出机制

（1）在公司上市及风投进入前，若持股人退股：

● 若公司亏损，被激励对象需按比例弥补亏损部分。

● 若公司盈利，公司原价收回。

（2）若风投进入公司后，持股人退股，公司按原价的150%收回。

（3）如上市后持股人退股，由持股人进入股市进行交易。

7. 其他事项

（1）甲乙双方根据相关税务法律的有关规定承担与本协议相关的纳税义务。

（2）本协议是公司内部管理行为。甲乙双方签定协议并不意味着乙方同时获得公司对其持续雇佣的任何承诺。乙方与本公司的劳动关系，依照《劳动法》及与公司签订的劳动合同办理。

（3）乙方未经甲方许可，不能擅自将本协议的有关内容透露给其他人员。如有该现象发生，甲方有权废止本协议并收回所授予的股份。

8. 争议与法律纠纷的处理

（1）甲乙双方发生争议时：

●《××股份有限公司股权激励管理制度》已涉及的内容，按《××股份有限公司股权激励管理制度》及相关规章制度的有关规定解决。

●《××股份有限公司股权激励管理制度》未涉及的部分，按照甲方《股权激励计划》及相关规章解决。

●公司制度未涉及的部分，按照相关法律和公平合理原则解决。

（2）乙方违反《××股份有限公司股权激励管理制度》的有关约定、违反甲方关于激励计划中的规章制度或者国家法律政策，甲方有权视具体情况通知乙方，终止与乙方的激励协议而不需承担任何责任。乙方在协议书规定的有效期内的任何时候，均可通知甲方终止股权协议，但不得附任何条件。若因此给甲方造成损失，乙方应承担赔偿损失的责任。

(3)甲乙双方因履行本协议或与本协议有关的所有纠纷应首先以友好协商方式解决,如双方无法通过协商解决的,任何一方可将争议提交甲方所在地人民法院解决。

9. 本协议经甲乙双方签字盖章后生效。本协议一式两份,双方各执一份,两份具有同等法律效力。

甲方盖章:

法人代表签字:　　　　　　　　乙方签字:

日期:____ 年 ___ 月 __ 日　　　日期:____ 年 __ 月 __ 日